AF568399

TORTENWUNDER AUS FROSTING

Valeri Valeriano & Christina Ong

Cake & Bake
Verlagsgesellschaft mbH

www.cakeandbakeverlag.de

INHALT

VORWORT 4

GRUNDLAGEN 6

Basis-Rezept für Frosting 6
Einfärben 8
Zusätzliche Dekoration 9
Gestaltung des Cakeboards 9
Zubehör 10
Backrezepte 11
Stapeln und Abstützen 12
Kuchen überziehen 14
Muster spritzen 17
Blumen spritzen 18
Esspapier verwenden 23
Moulds 23

DIE KUCHEN 24

Klassisch

Broderie Anglaise 24
Bezauberndes Chalkboard 28
Himmlische Hutschachtel 32

Kunstvoll

Inspiriert von Romero Britto 36
Van Goghs Sonnenblumen 40
Seerosen-Impression 44

Einfarbig

Stoff aus Jouy 48
Wedgwood-Blau 52
Basrelief 56

Malerisch

Total Tropisch 60
Schatzsuche 64
Landschaft im Rahmen 68

Romantisch

Rosenherz 72
Romantische Spitze 76
Blumenkugel 80

Rustikal

Herbstkranz 84
Terrarium 88
Entzückende Waldblumen 92

Shabby Chic

Vintage-Vogelkäfig 96
Eimer voll Rosen 100
Körbchen voll Freude 104

Geometrisch

Patchwork in Pastell 106
Aztekenmuster 110
Schwarz-weiße Nadelstreifen 114

Metallisch

Sparkling Sensation 118
Pures Gold 122
Glanz in Pink 126

Exzentrisch

Steampunk-Hut 130
Hübsch geteilt 134
Alice im Wunderland 138

Bezugsquellen 142
Über die Autorinnen 142
Danke 142
Stichwortregister 143

KLASSISCH
Love

KUNSTVOLL

EINFARBIG

MALERISCH

ROMANTISCH

RUSTIKAL

SHABBY CHIC

GEOMETRISCH

METALLISCH

EXZENTRISCH

VORWORT

Als wir 2011 entdeckten, dass Butter und Puderzucker sich nicht nur dazu eignen, auf Toast gestrichen bzw. auf Pancakes gestreut zu werden, waren wir fasziniert von den wunderbaren Ergebnissen, die eine Kombination der beiden erzielt. Wir waren regelrecht besessen!

Mit der absoluten Gewissheit, dass wir Cupcake-Profis werden würden, nannten wir uns "Queen of Hearts Specialty Cupcakes, Edible Bouquets and More". (Das ist der längste Firmenname, den Du Dir vorstellen kannst, oder?) Das "More" bezog sich auf unsere Absicht, auch Kekse, Pies und andere kleine Süßigkeiten anzubieten – wir dachten im Traum nicht daran, mehrstöckige, gestapelte Torten herzustellen. Wir hielten alles, was größer war als ein Cupcake für zu abschreckend und stressig.

Eines Tages rief uns eine Freundin an und bestellte eine Torte für ihren Geburtstag, und natürlich konnten wir nicht nein sagen. Wir dachten, sie würde uns als Freundin schon verzeihen, wenn es schief gehen würde und nahmen den Auftrag an.

Unsere Wahl fiel auf einen quadratischen Kuchen, 20 x 20 cm (Warum ausgerechnet quadratisch, wenn ein Runder für den Start doch leichter gewesen wäre, richtig?), mit einem ganz einfachen Graffiti-Muster. Sie war voll des Lobes, erzählte uns aber mit einem Lächeln im Gesicht, wie schön die Feier verlaufen sei und wie die Rückseite des Kuchens abfiel, als sie die Kerzen ausblies. Das Frosting hatte sich GELÖST! Als gute Freundin (Gott sei Dank!) machte ihr das aber nichts aus – sie fand es lustig!

Diese Episode hätte uns in unserer Angst vor Kuchen, die größer als ein Cupcake sind, bestätigen können. Aber die Geschichte entmutigte uns nicht. Wir beschlossen, den Fehler zu finden, damit so etwas nicht wieder passiert. Wenn Du jetzt erraten hast, dass der Kuchen nicht zuerst mit einer dünnen Schicht überzogen worden war, liegst Du richtig! Wir wussten nicht einmal, warum man das macht! Wir hatten den Kuchen einfach mit einer dicken Schicht Frosting überzogen und sofort darauf dekoriert. Nun ist Frosting recht schwer und hält nicht direkt auf Kuchen, der nicht zuvor dünn eingestrichen wurde. Was uns passierte, könnte Dir auch widerfahren – deshalb möchten wir Dir gern helfen, unsere Fehler zu vermeiden.

Diese Geschichte war die Inspiration für dieses Buch. Wann immer wir auf unsere "Kuchen-Reise" zurückblicken, können wir nur lachen. Also beschlossen wir, ein Buch rund um das Thema einstöckige Torten zu schreiben: von den Grundlagen über einfaches Schnitzen bis hin zum Aufbau und Abstützen höherer Kuchen. Außerdem mehr als dreißig Ideen, wie Du Deine Torte in zehn verschiedenen Stilrichtungen verzieren kannst. Vielleicht denkst Du, einstöckige Kuchen sind leichter zu dekorieren, aber hier besteht immer die Gefahr, zu viel Dekoration anzubringen, weil Du all Deine Ideen auf diesem kleinen Raum unterbringen möchtest.

Mit diesem Buch möchten wir Dir nicht nur Kenntnisse vermitteln, wir haben die unterschiedlichen Stilrichtungen auch nach Themen unterteilt: Shabby Chic, Romantik, Rustikal, um nur einige zu nennen. Wenn Du die Projekte dieses Buches nachgearbeitet hast, dann versuche doch einmal, die Techniken neu zu mischen, um Deine eigenen individuellen Designs zu gestalten. Ändere zum Beispiel die Farbpalette, wenn Du die schwarzweißen Nadelstreifenkuchen in pastellfarbenen Regenbogentönen nacharbeitest. Oder arbeite im Farbverlauf, daraus könnte ein romantisches oder Shabby-Chic-Design werden.

Es gibt so viel mehr zu entdecken, als nur unsere Projekte nachzuarbeiten, und wir hoffen sehr, dass Du etwas Neues schaffen und Deinen eigenen Stil entwickeln wirst. Teile Deine Ideen dann bitte mit uns – wir würden sie gern sehen! Wir wünschen Dir viel Freude mit diesem Buch.

Viel Spaß beim Torten dekorieren mit Frosting!

Valeri Christina

GRUNDLAGEN DES FROSTINGS

Basis-Rezept für Frosting

Bei diesem Rezept solltest Du immer daran denken, das Frosting nicht zu viel zu schlagen. Es wird sonst zu körnig und die Kanten "brechen" leichter, wenn Du Blumen, Bordüren und textile Muster spritzt. Durch zu viel Schlagen arbeitest Du sehr viel Luft in Dein Frosting ein, und dadurch bekommst Du Löcher oder "Luftblasen" in der Oberfläche, wenn Du das Frosting aufstreichst und es wird nicht glatt. Unser Frosting bildet eine Kruste und hält allen Klimazonen stand.

Ein Handrührgerät verfügt normalerweise nicht über so viel Leistung wie eine Küchenmaschine. Wenn Du ein Handrührgerät verwendest, dann verrühre die Zutaten zuerst von Hand, bis alles gut gemischt ist. Damit vermeidest Du, das Frosting zu viel aufzuschlagen.

Das Gute an diesem Rezept ist, dass kleine Gewichtsabweichungen einzelner Zutaten kein Problem darstellen. Wenn das Frosting zu steif ist, gib etwas Wasser oder Milch dazu. Ist es zu weich, gib etwas Puderzucker hinzu. Es ist sehr anpassungsfähig – natürlich in Maßen. Du kannst dieses Frosting sofort verwenden, um Deinen Kuchen einzudecken und zu dekorieren, aber wenn es Dir zu weich erscheint, empfehlen wir, es etwa eine Stunde im Kühlschrank zu lagern. Wenn es Dir beim Anfassen fest genug erscheint, kannst Du es herausnehmen. GIB KEINEN weiteren Puderzucker hinzu, nur um die Festigkeit zu erhöhen.

Lagere das Frosting im Kühlschrank in einem luftdicht verschlossenen Behälter oder Gefrierbeutel. Du kannst es bis zu einem Monat einfrieren und danach vor Gebrauch langsam bei Raumtemperatur auftauen lassen. Schlage es nicht mehr mit einem Mixer auf, sondern rühre es nur von Hand. Aber frischgerührtes Frosting schmeckt natürlich am Besten!

Du benötigst

- 227g Butter, auf Raumtemperatur erwärmt
- 113g mittelfestes weißes Pflanzenfett, auf Raumtemperatur erwärmt ODER 226g weiches, streichfähiges weißes Pflanzenfett
- 2–3 TL Vanille-Essenz, oder anderes Aroma nach Belieben
- 1 EL Wasser oder Milch (bei sehr warmem Wetter weglassen)
- 600g Puderzucker, gesiebt, wenn Du das mittelfeste Pflanzenfett verwendest, ODER 750g Puderzucker, gesiebt, wenn Du das weiche, streichfähige Pflanzenfett verwendest.
- Mixer (Handrührgerät oder Küchenmaschine)
- Rührschüsseln
- Teigschaber
- Sieb
- Messlöffel

1. Schlage die Butter bei mittlerer Geschwindigkeit auf, bis sie weich und hell ist (etwa ein bis zwei Minuten). Einige Buttersorten sind gelblicher, schlage sie dann zwei bis fünf Minuten auf, damit sie hell werden.

2. Gib das Pflanzenfett dazu und schlage alles weitere 20 bis 30 Sekunden oder weniger auf. Achte darauf, dass alles gut vermischt ist und sich keine Klümpchen gebildet haben.

ACHTUNG: Sobald Du etwas zur Butter hinzufügst, musst Du die Zeit für das Aufschlagen auf 20–30 Sekunden oder eher weniger begrenzen.

3. Gib Vanille oder das Aroma Deiner Wahl und Wasser oder Milch dazu und verrühre alles bei mittlerer Geschwindigkeit etwa 10 bis 20 Sekunden, bis alles gut vermischt ist.

4. Füge langsam den Puderzucker hinzu und rühre ihn bei mittlerer Geschwindigkeit in weiteren 20 bis 30 Sekunden gut unter. Du kannst ihn auch vorher von Hand unterziehen, um Puderzucker-Staubwolken in Deiner Küche zu vermeiden. Schiebe die Masse von den Seiten und dem Boden der Schüssel zusammen, ebenso von den Paddeln des Mixers, damit Du keine Puderzucker-Klümpchen übersiehst.

5. Schlage die Masse nach dem Zusammenschieben erneut etwa 20–30 Sekunden auf, aber überschlage sie nicht. Dann hat Dein Frosting die perfekte Konsistenz zum Spritzen.

TIPP

Du kannst Milch verwenden, dann hält sich das Frosting aber nur zwei bis vier Tage, da Milch die Haltbarkeit verkürzt. Wenn Du Wasser nimmst, verlängert sich die Haltbarkeit – etwa auf fünf bis zehn Tage. Sollte sich das Pflanzenfett nicht gut einarbeiten lassen und Klümpchen bilden oder eine sehr harte Konsistenz haben, dann schlage es zuerst separat auf, um dann wie beschrieben fortzufahren.

Benötigte Menge

Das Basis-Rezept mit den angegebenen Mengen ergibt etwa 1–1,1kg Frosting. Das reicht aus, um einen runden oder quadratischen Kuchen von 20cm von allen Seiten einzudecken und zu füllen – je nach Design. Damit kannst Du abschätzen, wieviel Frosting Du vorbereiten musst. Solltest Du etwas übrig haben, etikettiere es mit dem Herstelldatum und lagere es im Kühlschrank.

Zum Thema Pflanzenfett

Es handelt sich um ein weißes, festes Fett, hergestellt aus pflanzlichen Ölen. Gewöhnlich geschmacklos oder zumindest -neutral. Es ist in den meisten Supermärkten erhältlich, oft bei Butter oder Margarine zu finden. In unserem Rezept spielt es eine wichtige Rolle, da es das Frosting stabilisiert und Du nicht so viel Puderzucker verwenden musst, um eine feste Konsistenz zu erhalten. Damit hat Dein Frosting auch eine angenehme Süße. Außerdem bildet es auf der Oberfläche des Kuchens eine Art Kruste, wodurch sie nicht klebrig wird.

Die unterschiedlichen Pflanzenfett-Marken haben verschiedene Konsistenzen. Wenn Dir die Konsistenz zu hart ist, erwärme es kurz in der Mikrowelle und nimm nur 113g. Liegt die Konsistenz zwischen mittelfest bis leichtfest, nimm ebenfalls 113g. Wenn es sehr weich und streichfähig ist, musst Du die Menge auf 226g verdoppeln.

Einfärben

Farben erwecken Deinen Kuchen zum Leben, vermitteln eine Stimmung, ziehen Aufmerksamkeit auf sich oder sagen etwas aus. Es ist daher wichtig, Dein farbiges Frosting gut auszuwählen und vorzubereiten. Da es in diesem Buch um verschiedene Themen geht, solltest Du zuerst die perfekte Farbpalette ermitteln, um die geeigneten Farben für ein Projekt verwenden zu können.

Wir haben zusammengestellt, woran Du beim Einfärben denken solltest:

- Achte darauf, dass das Frosting beim Einfärben Raumtemperatur hat, damit die Farben sich gut vermischen.
- Gib immer nur wenig Farbpaste mit einem sauberen Zahnstocher zum Frosting und benutze ihn nur einmal, sonst kontaminiert er die Farbpaste. Oder färbe eine kleine Menge Frosting intensiv ein und gib diese dann portionsweise zu Deinem Frosting, damit Du die Farbintensität nach und nach steigern kannst.
- Rühre die Farben von Hand in das Frosting. Selbst bei riesigen Mengen darfst Du es nicht mit einem Mixer aufschlagen. Es besteht die Gefahr, dass Du es sonst zu viel schlägst.
- Denke daran, dass Frosting nach kurzer Zeit nachdunkelt, besonders die dunkleren Farben. Bereite das Frosting mindestens zwei bis drei Stunden vor Gebrauch zu, um die Farbveränderung abzuwarten.
- Bereite bei größeren Projekten lieber mehr gefärbtes Frosting zu. Du möchtest doch nicht, dass ein Teil Deines Kuchens eine andere Farbe hat, oder?
- Zum Aufhellen fügst Du ungefärbtes Frosting hinzu, zum Intensivieren der Farbe mehr Farbpaste.

- Wenn Dein Frosting etwas gelblich ist, kannst Du es mit ein wenig Violett oder Lebensmittelfarbe Pulver weiß weißer machen. Bei sehr hellen Farben sollte das Frosting zuerst weiß sein, bevor Du die gewünschte Farbe einmischst.
- Sollten die Farben sehr strahlen, kannst Du sie mit einem Hauch Schwarz, Braun oder Violett abtönen.
- Lebensmittelfarben gibt es als Pulver, Gel oder Paste. Verwende zum Einfärben von Frosting kein Pulver, denn es löst sich nicht vollständig auf. Nach dem Einrühren sieht es zuerst gut aus, aber nach einer Weile lösen sich die winzigen Körnchen auf und bilden kleine Farbflecken. Wenn Du keine andere Möglichkeit hast, empfehlen wir Dir, das Pulver in einem sehr kleinen Tropfen Wasser aufzulösen. Berücksichtige dabei, dass Dein Frosting weicher wird, je mehr Flüssigkeit Du hinzufügst.
- Bei flüssigen Farben, die teilweise in Plastikflaschen angeboten werden, ist es manchmal schwierig, die Menge genau zu kontrollieren, besonders wenn Du weniger als einen Tropfen benötigst. Du solltest dann lieber eine kleine Menge Frosting vorab einfärben und damit dann Farbe zur größeren Portion geben, bevor Du die flüssige Farbe direkt zur Gesamtmenge gibst.
- Lebensmittelfarbe in Pasten- und Gelform gibt es von vielen Herstellern und jede hat eine andere Farbintensität und einen anderen Farbton. Welche Marke auch immer Du verwendest, Du solltest vorher eine kleine Menge zum Testen einfärben, bevor Du womöglich die gesamte Menge Frosting verdirbst.

Zusätzliche Dekoration

Die Kuchen in diesem Buch sind einstöckig und können recht klein sein, deshalb sind zusätzliche ausgefeilte Dekorationen nicht erforderlich. Du kannst die Kuchen mit ganz simplen Dingen aufhübschen, die Du im Haus oder Garten findest. Zum Beispiel kannst Du eine Hibiskusblüte neben den Kuchen legen oder ein paar um ihn herum verteilen. Wenn Du keine echte Blüte hast, nimm eine aus Papier. Als Alternative versuche einmal, ein Band aus grobem Leinen um eine leere Dose zu schlingen, mit Deinem Geburtstagsgruß darauf – passend zum Thema Shabby Chic. Präsentiere die Dose zusammen mit dem Kuchen. Wir hätten noch viele weitere Ideen, aber wir möchten hier nur unterstreichen, dass auch wenig zusätzliche Dekoration den Kuchen von seiner besten Seite zeigen wird.

Gestaltung des Cakeboards

Neben der zusätzlichen Dekoration kannst Du dem Kuchen auch durch eine besondere Gestaltung des Cakeboards eine glanzvolle Note geben. Für manche ein blinder Fleck, und oft völlig vernachlässigt. Selbst wenn Dein Kuchen sehr gut ist, kann eine schlechte Präsentation enttäuschen. Höre deshalb auf uns und sage "Nein" zu nackten Cakeboards! Bei unseren Projekten hier im Buch wirst Du sehen, dass wir die Cakeboards mit Selbstklebefolie (eine Rolle ist wirklich günstig und reicht für etwa acht oder mehr Boards mit 25cm Durchmesser), Geschenkpapier, Scrapbooking-Papier, Stoffen usw. bezogen haben. Du kannst auch einen Brief, Gedichte oder Dein Lieblingslied auf ein großes Blatt Papier schreiben und damit das Cakeboard beziehen. Wir haben auch schon Schieferplatten, Schneidebretter und Platzteller (Holz oder Glas) als Ersatz für normale Cakeboards verwendet. Es gibt so viele bezahlbare Alternativen, die Du verwenden oder selbst herstellen kannst. Stimme sie aber mit dem Design des Kuchens ab und gestalte sie nicht zu aufwändig, außer, wenn der Kuchen selbst sehr schlicht ist.

Zubehör

Messbecher und
-löffel
Sieb
Zahnstocher
Drehteller
Einweg-
Spritzbeutel
Malpalette
Pinsel
Keksausstecher
Schablonen
Wachspapier
Palettenmesser
Lebensmittelfarbe
Pasten / Gel
Lineal
Geo-Dreieck
Teigspatel
Malspachtel-Set
Blumennagel
Spritztüllen
Cakeboards/
Drums
Pinzette
Tortenbodenschneider
Teigschaber
Vlies
Stift/
Bleistift
Adapter
kleines
Küchenmesser
Löffel
Küchenmaschine
Schere
Küchenwaage
Handrührgerät
Rührschüsseln

Backrezepte

Madeira Cake

Mit diesem Rezept backst Du einen schönen, stabilen Rührkuchen, der leicht zu schnitzen und zu stapeln ist – und köstlich schmeckt! Die Mengenangaben reichen für einen runden Kuchen mit 20cm Durchmesser.

Du benötigst

- 250g Butter
- 250g feinster Zucker
- 375g Mehl
- 6g Backpulver
- 5 Eier Größe L
- 1/4 TL Salz
- 2–3 EL Milch

1. Heize den Backofen auf 160 Grad vor. Fette die Backform ein, lege sie mit Backpapier aus und fette das Papier ein.

2. Schlage Butter und Zucker in einer großen Rührschüssel auf, bis sie locker, schaumig und hell sind. Siebe Mehl und Backpulver in eine separate Schüssel.

3. Rühre die Eier einzeln gut unter und gib mit dem letzten Ei einen EL Mehl dazu, damit die Masse nicht gerinnt.

4. Ziehe die Mehlmischung und das Salz vorsichtig mit einem Löffel unter und gib gerade so viel Milch dazu, dass der Teig langsam vom Löffel fließt.

5. Fülle den Teig in die vorbereitete Form und backe ihn 1 bis 1 ½ h. Er ist fertig, wenn er gut aufgegangen ist, sich fest anfühlt und bei der Stäbchenprobe nichts kleben bleibt.

6. Stürze ihn zum vollständigen Auskühlen auf ein Kuchengitter.

Saftiger Schokoladenkuchen

Dieser stabile Kuchen ist sehr gut zum Stapeln und Schnitzen geeignet.

Du benötigst

- 250g Butter gesalzen
- 250g Vollmilch- oder Zartbitterschokolade (gehackt oder in Stücken)
- 8 TL löslicher Kaffee
- 180ml Wasser
- 300g Mehl
- 3g Backpulver
- 60g Kakaopulver, ungesüßt
- 1 TL Natron
- 1 Prise Salz
- 500g feinster Zucker
- 5 Eier, verquirlt
- 70g Pflanzenöl
- 125ml Buttermilch (selbstgemacht: gib 1 EL Zitronensaft oder Weißweinessig zu 120ml Milch und lasse die Mischung 5-10 Minuten stehen)

1. Heize den Backofen auf 160° C vor, fette die Backformen ein und lege sie mit Backpapier aus.

2. Erhitze Butter, Wasser und Kaffeepulver in einem kleinen Topf bis zum Siedepunkt. Nimm den Topf vom Herd, gib die Schokolade dazu und rühre, bis sie vollständig geschmolzen ist. Stelle die Mischung beiseite.

3. Siebe Mehl, Backpulver, Kakao, Zucker, Salz und Natron in eine große Schüssel und drücke eine Mulde in die Mitte.

4. Gieße Eier, Buttermilch, Öl und Schokoladenmischung in die Mulde und rühre das Ganze kräftig mit einem Holzlöffel um, bis es keine Klümpchen mehr gibt.

5. Fülle den Teig in die vorbereiteten Backformen und backe ihn etwa 45 Minuten (bei 15cm Durchmesser) oder 1 h 15 Minuten (bei 20cm Durchmesser). Nimm den Kuchen aus dem Backofen, wenn bei der Stäbchenprobe nichts mehr kleben bleibt.

6. Lasse die Kuchen vollständig in den Formen auskühlen, bevor Du sie herausnimmst.

TIPP

Dieses Rezept ergibt: einen runden Kuchen, 23cm Durchmesser, 7,5cm hoch; einen runden Kuchen, 20cm Durchmesser, 10cm hoch; einen runden Kuchen, 15cm Durchmesser, 10cm hoch und etwa acht Cupcakes; oder einen quadratischen Kuchen, 20cm Seitenlänge, 7,5cm hoch.

Stapeln und Abstützen

Sobald Dein Kuchen höher wird, musst Du innere Stützen einbauen, die ihn stabilisieren, damit er nicht zusammenbricht. Dazu brauchst Du lebensmittelgeeignete Kunststoff- oder Holzstützen (oder auch große Plastik-Trinkhalme), die ordentlich in den unteren Kuchen gesteckt werden, das Gewicht des oberen Kuchens tragen und sicherstellen, dass die einzelnen Lagen nicht zusammengedrückt werden und zusammenbrechen.
Du kannst bis zu drei Kuchenlagen ohne Stützen stapeln, aber sobald Du mit weiteren Lagen in die Höhe gehst, sichere den Aufbau mit Stützen ab.

Du benötigst

- vier Lagen Kuchen in der Größe Deiner Wahl
- drei dünne Tortenscheiben (1–2 mm dick) (recht stabil, aber noch schneidbar, keine Hardboards)
- Cakeboard (Drum)
- Tortenbodenschneider oder gewelltes Konditormesser
- Kuchenstützen aus Kunststoff oder Holz
- Drahtzange oder stabile Schere
- Stift oder Bleistift
- ungiftigen Klebstoff

TIPP

Um die Stützen genau auf die Höhe des Kuchens zu schneiden, steckst Du eine Stütze senkrecht von oben in den Kuchen, bis sie unten auf dem Board auftrifft. Dann markierst Du die Höhe des Kuchens an der Stütze mit einem Stift, ziehst sie heraus und schneidest sie auf die markierte Länge zu.

1. Schneide die Oberseite aller Kuchen mit dem Tortenbodenschneider oder einem gewellten langen Messer waagerecht gerade.

2. Schneide die Tortenscheiben zu, im Durchmesser etwa 5–10 mm größer als Deine Kuchen, oder noch größer, wenn Du eine dickere Frostingschicht auftragen willst. Du kannst den Boden der entsprechenden Backform hierfür als Vorlage verwenden. Klebe zwei Tortenscheiben Rücken an Rücken zusammen (mit der silbernen Beschichtung nach außen) und bohre mit einer Stütze ein Loch in die Mitte. Vergrößere die Öffnung durch Drehen der Stütze etwas, um sie später leichter durchstecken zu können.

3. Lege die ersten beiden, mit Frosting gefüllten Kuchenlagen auf die dritte Tortenscheibe. Miss die Höhe ab und schneide die Stützen in exakt der gleichen Länge mit einer Zange oder stabilen Schere ab.

4. Stecke die Stützen in die untere Lage, gleichmäßig verteilt, etwa 4cm vom äußeren Rand nach innen liegend. Drücke jede Stütze senkrecht nach unten, bis sie auf der Unterlage auftrifft. Die Anzahl der Stützen hängt von der Größe des Kuchens ab.

5. Trage eine dünne Schicht Frosting oben auf den Kuchen auf, gerade genug, um die Öffnungen der Stützen abzu decken. Befestige dann die Tortenscheibe mit Klebstoff auf dem Cakeboard. Frosting oder Royal Icing reicht nicht aus, die dünne Unterlage könnte immer noch wegrutschen.

6. Fülle die beiden anderen Lagen mit Frosting und lege sie auf die zusammengeklebte Tortenscheibe. Positioniere sie dann auf dem abgestutzten, unteren Kuchen

7. Miss eine lange Stütze auf die Gesamthöhe des Kuchens ab.

8. Stecke die Stütze mittig durch den Kuchen, bis sie unten auftrifft.

Kuchen überziehen

Bevor Du irgendwelche wundervollen Dekorationen anbringen kannst, musst Du als erstes wissen, wie man den Kuchen eindeckt und sicherstellt, dass das Frosting hält und eine saubere Unterlage bildet. Zuerst muss der Kuchen dünn überzogen, dann eine glatte Oberfläche geschaffen werden. Techniken für spezielle strukturierte Oberflächen findest Du bei den einzelnen Projekten.

Dünner Überzug

Du trägst hier eine dünne Schicht Frosting auf dem ganzen Kuchen auf, um lose Krümel abzudecken. Diesen wichtigen Schritt darfst Du nicht auslassen, denn er sorgt dafür, dass Deine äußere Frostingschicht gut haftet und den schweren gespritzten Dekorelementen eine stabile Unterlage bietet.

1. Nimm eine runde Spritztülle oder schneide einfach die Spitze eines Spritzbeutels ab und trage das gleiche Frosting, mit dem Du später den Kuchen eindeckst, rundherum auf den Kuchen auf. Drücke den Beutel fest gegen den Kuchen, damit das Frosting haftet.

2. Verteile das Frosting mit einer Winkelpalette auf dem Kuchen, übe dabei gleichmäßigen Druck aus und entferne überschüssiges Frosting mit der Kante der Winkelpalette.

3. Du kannst bei Bedarf die Dicke der Schicht noch mit einem Teigschaber ausgleichen.

Kühle den dünn überzogenen Kuchen etwa 20 bis 30 Minuten im Kühlschrank, bis die Oberfläche fest ist. Wenn Du den Vorgang beschleunigen möchtest, stellst Du ihn besser in den Gefrierschrank. Wenn er nicht gekühlt wird, ist es viel schwieriger, eine glatte Frosting-Decke aufzutragen.

Glätten

Nachdem der Kuchen eine Weile gekühlt wurde, kannst Du eine weitere Schicht Frosting auftragen. Die Stärke dieser Schicht ist Geschmackssache. Du kannst auch die Tortenscheibe als Anhaltspunkt für die Stärke der Schicht verwenden. Du benötigst jetzt Vlies, das auch zum Unterfüttern bei Näharbeiten benutzt wird. Du findest es online oder in gut sortierten Handarbeitsläden.

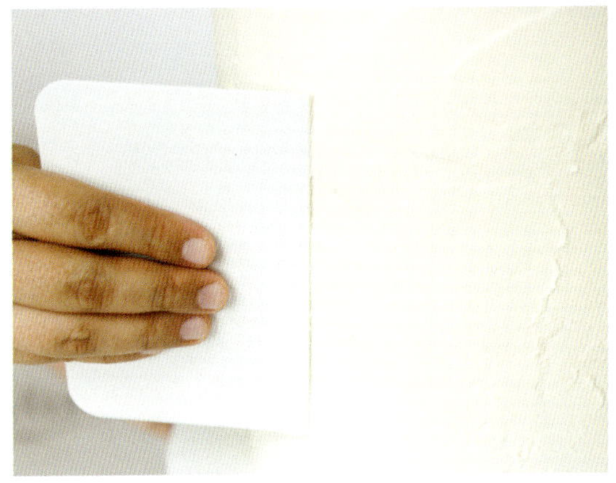

1. Streiche mit einem Teigschaber die Frostingschicht gleichmäßig dick um den ganzen Kuchen. Lasse ihn dann etwa 10 bis 20 Minuten bei Raumtemperatur lufttrocknen.

2. Sobald der Kuchen eine Kruste gebildet hat (siehe Tipp), lege das Vlies auf die Oberfläche des Kuchens und streiche sanft mit den Fingern darüber, um die Fläche zu glätten. Setze dies rund um den Kuchen fort.

3. Für eine perfekte glatte Oberfläche legst Du das Vlies erneut auf den Kuchen und streichst mit dem Teigschaber in Auf- und Abwärtsbewegungen darüber.

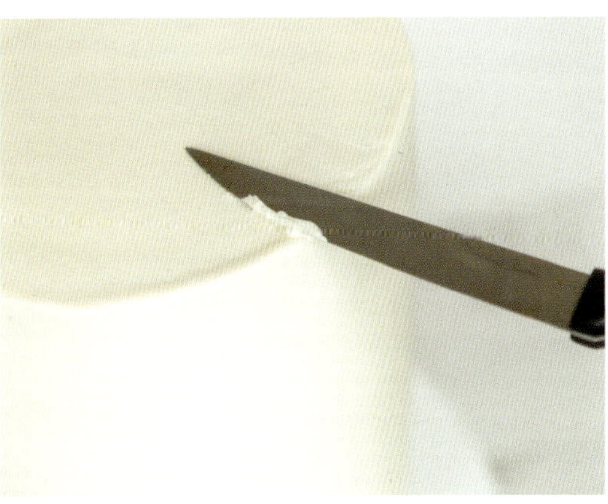

4. Entferne jegliches überschüssige Frosting an der oberen Kante des Kuchens mit einem kleinen Messer oder dem Teigschaber.

Stelle den Kuchen nicht wieder in den Kühl- oder Gefrierschrank, da die feuchte Umgebung die Krustenbildung des Frostings verhindert. Wenn sich der Kuchen trocken und nicht klebrig anfühlt, kannst Du ihn glätten.

Kugelförmige Kuchen überziehen

Eine Kugel mit Frosting zu überziehen, wirft ganz spezielle Probleme auf. Wenn Du jedoch diese Schritte befolgst, lieferst Du eine beeindruckend glatte Arbeit.

1.Backe zwei halbkugelförmige Kuchen in den entsprechenden Backformen oder hitzebeständigen Schüsseln. Begradige die Kuchen mit einem Tortenbodenschneider oder einem gewellten Messer.

2. Schneide eine kleine Scheibe an der oberen Rundung eines Kuchens ab, damit er sicher auf dem Board steht und nicht wegrollt, und befestige ihn mit einer Schicht Frosting auf dem Board.

3. Trage die mittlere Füllung auf und lege den zweiten Kuchen darauf, um die Kugel zu vervollständigen. Entferne überschüssiges Frosting mit einer kleinen Winkelpalette.

4. Überziehe den Kuchen dünn mit dem gleichen Frosting, das Du für die äußere Schicht vorgesehen hast.

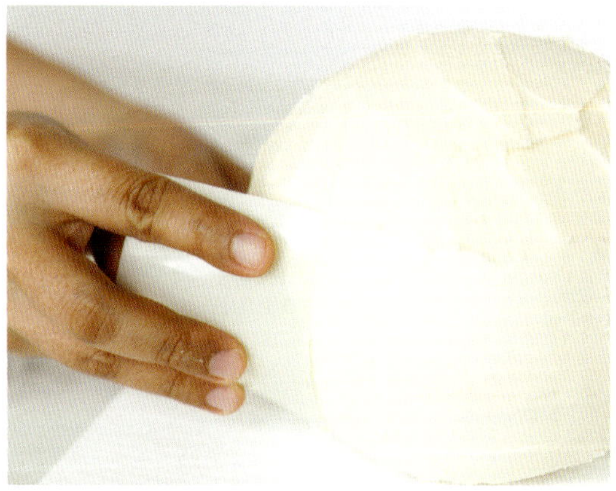

5. Trage die äußere Schicht Frosting auf und streiche es mit einem flexiblen Teigschaber (oder einem anderen flexiblen Stück Kunststoff) gleichmäßig auf. Folge der Krümmung des Kuchens und warte dann, bis sich eine Kruste bildet.

6. Stütze große Kuchen ab, glätte die Oberfläche mit Vliesstoff und achte dabei auf die Konturen des Kuchens.

Muster spritzen

Einige der Muster, die Du für die Projekte in diesem Buch benötigst, sind in den jeweiligen Anleitungen direkt beschrieben. Wir haben jedoch ein paar Techniken ausgewählt, die wir hier etwas ausführlicher beschreiben, weil sie öfter vorkommen oder ein wenig anspruchsvoller sind.

Randverzierungen

Muschelkette

Schneide die Spitze eines Spritzbeutels ab oder verwende eine beliebige Tülle. Halte den Spritzbeutel in einem Winkel von 30 Grad und setze die Tülle auf. Drücke den Spritzbeutel fest, bis sich das Frosting aufbaut und eine kleine Kugel bildet, hebe den Spritzbeutel dann leicht an und ziehe ihn mit nachlassendem Druck wieder nach unten, damit die Muschel ein spitzes Ende bekommt. Setze das breite Ende der nächsten Muschel so auf dem spitzen Ende der Ersten an, dass Du eine Kette erhältst.

Rüschen

Nimm eine kleine Blütenblatt-Tülle, wie z. B. Cake Masters FPXS, FPS oder Wilton #103, #104, halte den Spritzbeutel angewinkelt an den Kuchen, das breitere Ende der Tülle auf die Oberfläche des Kuchens aufgesetzt. Drücke den Spritzbeutel mit konstantem Druck und ziehe ihn am Kuchen entlang. Übe dabei leichten Druck gegen den Kuchen aus, damit die Rüsche am Kuchen haftet. Du kannst die Tülle auch etwas hin- und herbewegen, um wellenförmige Rüschen zu spritzen. Wiederhole den Vorgang für alle überlappenden Rüschen und achte darauf, dass sie nahe beieinander liegen und im selben Winkel gespritzt werden. Variationen: „Rücken an Rücken" (orange), „aufwärts" (grün), „abwärts" (gelb), „wellenförmig" usw.

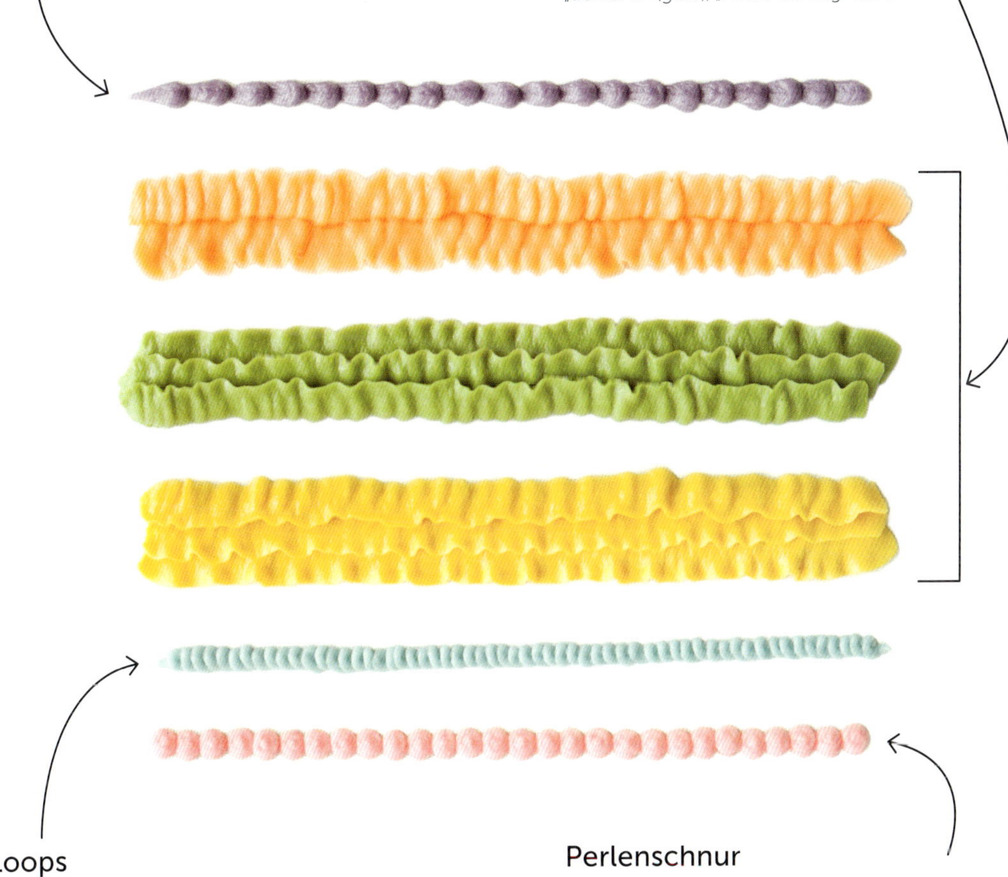

Loops

Diese Loops haben wir bei den Projekten Vintage-Vogelkäfig und Steampunk-Hut verwendet – sie sind sehr einfach. Fülle Dein gewünschtes Frosting in einen Spritzbeutel mit passender Tülle. Spritze mit einer engen kreisförmigen Bewegung, im Uhrzeigersinn, und achte darauf, dass zwischen den Loops keine Lücken sind.

Perlenschnur

Fülle Frosting in einen Spritzbeutel und schneide mit einer Schere ein winziges Loch in die Spitze – Du kannst auch eine Lochtülle verwenden. Halte den Spritzbeutel senkrecht zum Kuchen und drücke ihn sanft, bis sich eine kleine Kugel bildet. Löse den Druck und ziehe den Beutel dann erst weg. Spritze weitere Kugeln in einer hübschen Reihe, die sich berühren und eine Schnur bilden.

Blumen spritzen

Florale Designs sind sehr beliebt, wir dekorieren unsere Kuchen deshalb oft mit Blumen oder ganzen Bouquets. Die genauen Anleitungen zum Spritzen vieler Blumen findest Du bei dem jeweiligen Projekt, aber wir haben hier einige Blumen zusammengestellt, die wir oft verwenden, um uns nicht ständig zu wiederholen.

Sonnenblumen, Seerosen und einfache Blätter

Eine Blatt-Tülle eignet sich hervorragend zum Spritzen von Blütenblättern einer Sonnenblume, wenn Du die nachfolgenden Schritte befolgst. Diese Technik kannst Du aber auch für Seerosen (siehe Seerosen-Impression), für die orangefarbenen Blüten auf dem Herbstkranz und für einfache Blätter verwenden. Du brauchst nur die richtige Tülle und farbiges Frosting.

1. Spritze einen Hilfskreis, setze dann eine Blatt-Tülle wie z. B. Cake Masters BL06, BLO05 oder Wilton #67 oder #352 ein, halte den Spritzbeutel im Winkel von 20 bis 30 Grad, während eine Spitze den Hilfskreis berührt. Drücke den Spritzbeutel und spritze eine breite Blattbasis. Ziehe ihn langsam weg, reduziere dabei den Druck, bis Du die gewünschte Länge erreicht hast, dann löse den Druck und ziehe die Tülle abrupt weg.

2. Wiederhole den Vorgang und spritze so eine Lage Blütenblätter rund um den Hilfskreis.

3. Spritze eine zweite Lage Blütenblätter in einem etwas steileren Winkel als die Erste, etwa 30 bis 40 Grad. Achte darauf, dass die Lage nahe an der Ersten platziert ist, um Lücken zu vermeiden.

4. Fülle abschließend braunes Frosting in einen Spritzbeutel mit kleiner Öffnung an der Spitze und spritze kleine Punkte als Kern in die Mitte der Blume.

Knospen

Winzige Knospen können in Gebinde eingefügt werden, einzelne Lücken im Design füllen oder zarte Muster bilden. Wir haben sie für die Projekte Basrelief und Landschaft im Fenster verwendet. Nimm für das Spritzen einer Knospe eine kleine Blütenblatt-Tülle wie Cake Masters FPS oder Wilton #104, und halte den Spritzbeutel so, dass die Tülle flach auf dem Kuchen aufliegt, die breitere Öffnung nach links zeigend. Drücke den Spritzbeutel sanft, bis sich ein halbes Blütenblatt bildet, ziehe die Tülle dann leicht nach rechts oben und führe sie dann zur Mitte zurück. Spritze ein weiteres Blütenblatt überlappend auf das Erste, aber dieses Mal in die entgegengesetzte Richtung, so dass die breitere Öffnung der Tülle jetzt nach rechts zeigt und Du das Blütenblatt nach links ziehst. Wiederhole das, bis die Knospe die gewünschte Größe hat (bei kleinen Knospen, wie im Fall der Landschaft im Fenster reichen zwei Blütenblätter aus), und spritze abschließend eine Calyx mit einem Spritzbeutel mit kleiner Öffnung an der Spitze.

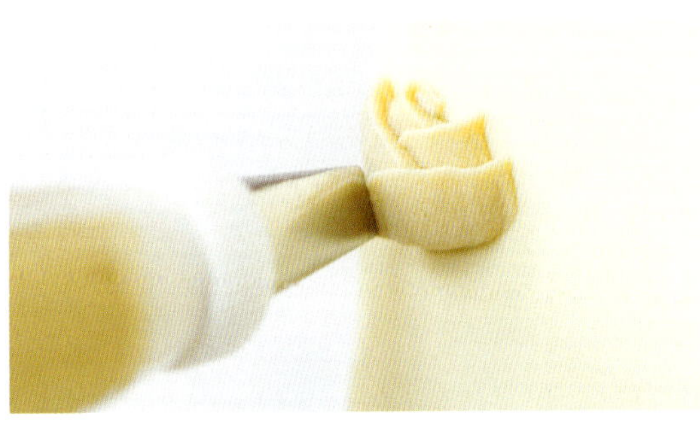

Einfache Blütenblätter

Wir benutzen viele verschiedene Techniken zum Spritzen von Blütenblättern, zeigen hier aber zwei ganz leichte. Die Erste wird bei Romantische Spitze verwendet, die Zweite für die Frangipani auf Total Tropisch.

Blüten für Romantische Spitze

Fülle zweifarbiges Frosting (siehe Romantische Spitze) in einen Spritzbeutel, mit Blüten Tülle Cake Masters FPS oder Wilton #104, setze die Tülle mit der breiteren Öffnung im Winkel von 20 bis 30 Grad auf dem Kuchen auf. Das schmalere Ende sollte nach außen zeigen, auf Position 12 Uhr. Drücke den Spritzbeutel fest, ohne die Tülle zu bewegen. Löse den Druck, wenn das Blütenblatt die gewünschte Größe hat. Wiederhole das in geschwungenen, sich überlappenden Reihen, die nach unten hin immer weniger Blätter haben, bis die Blüte komplett ist.

Frangipani

Fülle zweifarbiges Frosting (gelb und weiß, siehe Romantische Spitze für den Effekt) in einen Spritzbeutel mit Tülle Cake Masters FPXS oder Wilton #103. Halte den Spritzbeutel im Winkel von 20 bis 30 Grad, das gelbe Frosting unten, drücke gleichmäßig und ziehe die Tülle bis zur gewünschten Blattgröße. Drehe die Tülle in einer engen Kurve, um die Spitze abzurunden, spritze aber keinen Bogen. Ziehe die Tülle mit dem gleichen Druck zurück zur Basis (a). Spritze vier weitere Blütenblätter in der gleichen Weise, die alle am selben zentralen Punkt starten (b).

a

b

Hibiskus und zweiteilige Blätter

Die Blütenblätter des exotischen Hibiskus auf dem Kuchen Total Tropisch werden in der gleichen Technik gespritzt wie die Blätter auf Sparkling Sensation. Folge für die grünen Blätter einfach Schritt 2 und 3 mit grünem Frosting.

1. Spritze fünf Markierungen strahlenförmig um einen zentralen Punkt. Beginne dann mit der ersten Hälfte des ersten Blütenblattes – die Tülle zeigt dabei nach links und ist flach auf der Oberfläche aufgesetzt.

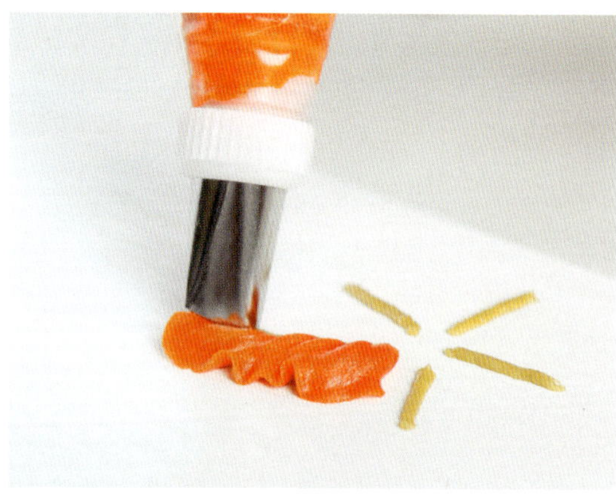

2. Drücke den Spritzbeutel konstant und gleichmäßig, bewege die Tülle auf und ab, bis Du die Spitze des Blütenblattes erreicht hast.

3. Drehe den Spritzbeutel direkt danach um und spritze die andere Seite des Blütenblattes.

4. Spritze die anderen vier Blütenblätter in der gleichen Weise.

5. Fülle für die Blumenmitte orangefarbenes Frosting in einen Spritzbeutel und schneide ein mittelgroßes Loch in die Spitze. Drücke fest und ziehe den Spritzbeutel langsam nach oben, um den mittleren Fruchtknoten zu erhalten. Spritze mit einem Spritzbeutel mit kleiner Öffnung kleine gelbe Punkte auf den Fruchtknoten.

Rüschenblumen

Diese blumigen Elemente passen hervorragend zu vielen Designs – wir setzen sie oft ein! Du erzielst ganz unterschiedliche Effekte durch verschiedene Tüllen, aber die Grundtechnik ist ganz einfach. Hier siehst Du ein paar Beispiele zum Probieren; wir haben sie zur Erklärung auf einen Blumennagel gespritzt, sie sollten normalerweise aber direkt auf den Kuchen gespritzt werden.

Rüsche 1, Cake Masters FPST oder Wilton #150

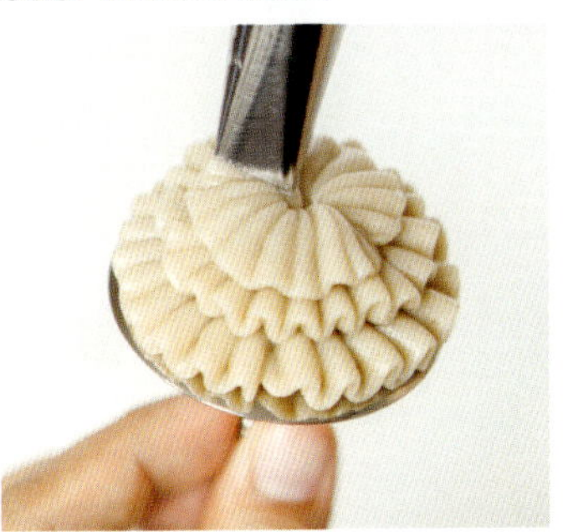

Rüsche 2, Cake Masters FPXS oder Wilton #103

Beginne für beide Rüschen am äußeren Rand, halte den Spritzbeutel im Winkel von 20 bis 30 Grad, drücke gleichmäßig und bewege die Hand etwas wackelnd auf und ab, während Du langsam im Uhrzeigersinn drehst (für Linkshänder gegen den Uhrzeigersinn). Wiederhole das für die folgenden Schichten.

Rüsche 3, Cake Masters D2452 oder Wilton #2D

Halte den Spritzbeutel mit der Tülle flach auf der Oberfläche des Kuchens. Drücke fest, während Du leicht nach links und rechts drehst und dabei den Spritzbeutel langsam wegziehst.

Rüsche 4, Cake Masters FPS oder Wilton #104

Rüsche 5, Cake Masters FPXS oder Wilton #103

Beginne für beide Rüschen am äußeren Rand, halte den Spritzbeutel im Winkel von 20 bis 30 Grad und spritze ein einfaches Blütenblatt (siehe Blumen spritzen). Spritze weitere Blütenblätter in einem Kreis, bis Du die erste Lage komplett hast. Spritze zwei oder drei weitere Lagen Blütenblätter. Das ist die Grundtechnik für eine Kamelie.

Rüsche 6, Cake Masters FPWS oder Wilton #97L

Halte den Spritzbeutel mit der Tülle in aufrechter Position. Drücke, während Du die Tülle nach unten ziehst und leicht hin und her wackelst, um ein wellenförmiges Blatt zu spritzen. Spritze weitere Reihen.

Sukkulenten

Für die rosenähnlichen Sukkulenten des Terrarium-Projektes spritzt Du einen Klecks Frosting als kleine Kuppel auf einen Blumennagel. Darauf spritzt Du "Blütenblätter" wie bei einer Rose (siehe Rose). Du beginnst in der Mitte mit Tülle Cake Masters FPST oder Wilton #150. Drehe den Blumennagel und baue dabei die Lagen auf, bis die Sukkulente die gewünschte Größe hat. Für die stachelige Sukkulente spritzt Du eine Gruppe dicker Stacheln mit der offenen Stern-Tülle Cake Masters F08 Wilton #6B auf einen Blumennagel. Spritze mit gleichmäßigem Druck, löse ihn und ziehe den Spritzbeutel weg. Die Sukkulenten sollten zum Festwerden in den Gefrierschrank gestellt werden, etwa 10 – 20 Minuten.

Rosen

Sie sind sicherlich die beliebtesten aller Blumen, besonders in der Tortendekoration, und am Einfachsten auf einen Blumennagel zu spritzen. Sie kommen in diesem Buch sehr oft vor, speziell bei Eimer voller Rosen und Blütenkugel.

1. Setze die Blütenblatt-Tülle Cake Masters FPS oder Wilton #104 flach auf dem Blumennagel auf, drücke den Spritzbeutel und drehe den Nagel dabei, um die Basis zu spritzen.

2. Halte die Tülle senkrecht, mit der breiteren Öffnung nach unten und leicht nach innen geneigt, damit die Blütenmitte nur eine kleine Öffnung hat.

3. Drehe den Nagel, während die Tülle leicht nach innen geneigt bleibt, und spritze ein Blütenblatt in leichter Bogenform um die Knospe, leicht an die Knospe drückend, damit es zwischen beiden keinen Spalt gibt. Jedes weitere Blütenblatt sollte ein wenig hinter der Mitte des Vorgängers beginnen und dieses überlappen. Spritze etwa zwei bis vier kurze Blütenblätter.

4. Jetzt hälst du die Tülle senkrecht und spritzt vier bis fünf längere und höhere bogenförmige Blütenblätter.

5. Bei den letzten Blütenblättern neigst Du die Tülle leicht nach außen und spritzt die Bögen länger statt höher. Spritze vier bis fünf äußere Blütenblätter.

6. Hebe die Rose mit einer Schere vom Blumennagel ab. Setze sie sanft auf eine Unterlage und lasse sie 10 bis 20 Minuten im Gefrierschrank fest werden.

Esspapier verwenden

Das vielseitige Esspapier eignet sich hervorragend, um größere Dekorelemente zu gestalten. Es ist steif und sehr leicht - man kann damit Federn, Blätter und Blumen herstellen, die nicht abgestützt werden müssen. Außerdem kann man es anmalen – damit kannst Du ihm jede Farbe und jedes gewünschte Muster geben.

Du benötigst

- Esspapier
- ummantelten Draht, 18–20G (gauge) oder einen anderen dünnen, biegsamen Draht
- Schere
- klaren Alkohol, wie Wodka oder Zitronensaft
- Pinsel
- Malpalette
- ausgewählte Farbpasten
- kleine Schüssel mit Wasser
- Piping Gel

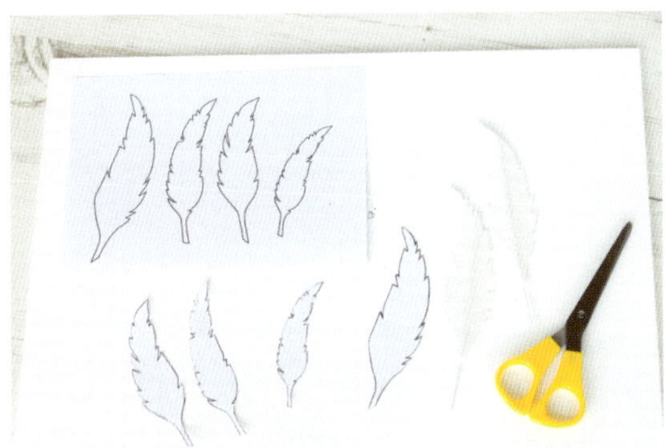

1. Schneide das Esspapier in Streifen gleicher Breite (sie hängt von Deinem gewählten Muster ab). Die Federn für den Steampunk-Hut sind 4–5 cm breit. Trage auf einer Seite eines Streifens eine dünne Schicht Piping Gel auf, lege ein Stück Draht in die Mitte und befestige ein zweites Stück Esspapier darauf.

2. Am Besten einige Stunden oder über Nacht trocknen lassen. Skizziere Dein Blatt- oder Federnmuster, schneide es aus und übertrage diese Vorlage auf das Esspapier. Schneide dann das Muster aus dem Esspapier aus. Bemale es nach Belieben. Achte darauf, die Farbe nicht mit zu viel Alkohol anzurühren, das Esspapier könnte sich sonst kräuseln.

Moulds

Mit Silikon-Moulds (erhältlich in den meisten Fachgeschäften und online) kannst Du eine riesige Anzahl wunderschön detailgetreuer Formen für Deinen Kuchen herstellen. Für unsere exzentrischen Projekte, den Steampunk-Hut, Alice im Wunderland und Hübsch geteilt haben sie uns gute Dienste geleistet. Bei der Verwendung von Moulds drückst Du das farbige Frosting mit einer Winkelpalette fest in die Vertiefungen, damit keine Luftblasen entstehen. Lege die Form 10–20 Minuten in den Gefrierschrank, dann forme das Frosting aus. Achte darauf, es möglichst wenig mit den Fingern zu berühren und bringe es am Kuchen an.

TIPP

Lasse Blumen oder andere Formen nicht zu lange im Gefrierschrank, auf keinen Fall über Nacht. Durch die Kondensation können Farben verlaufen und Deine Arbeit ruinieren. Bitte nur 20–30 Minuten einfrieren, oder bis das Frosting sich fest anfühlt – das reicht aus.

BRODERIE ANGLAISE

Die sanften Farben und das zarte Muster dieses Kuchens spiegeln das namensgebende Spitzengewebe wider. Für die Lochspitze werden kleine Löcher in einfache Blumen gedrückt. Diese Blumen ergeben zusammen mit den Rüschen und Bändern ein schlichtes, aber edles Gesamtbild.

Du benötigst

- einen quadratischen Kuchen, 20x20cm, 13cm hoch
- 500g weißes Frosting (mit Lebensmittelfarbe Pulver weiß)
- 1–1,1kg pfirsichfarbenes Frosting (Pastenfarbe sunsetorange)
- 100–200g hell-pfirsichfarbenes Frosting (Pastenfarbe sunsetorange)
- 100–200g graues Frosting (Pastenfarbe graphitschwarz)
- Back- oder Butterbrotpapier
- Schere
- Lineal
- Stift
- Zahnstocher
- kurze Winkelpalette
- Teigschaber
- kleines Stück Karton oder Kunststoff
- Garniertülle Schweif (Cake Masters TAS oder Wilton #86)
- Lochtülle (Cake Masters RT01 oder Wilton #1)
- Sternbandtülle (Cake Masters BAS10 oder Wilton #47)
- Blütenblatttülle (Cake Masters FPST oder Wilton #150)
- Spritzbeutel
- Adapter
- große weiße Zuckerperlen
- Pinzette
- Blumennagel

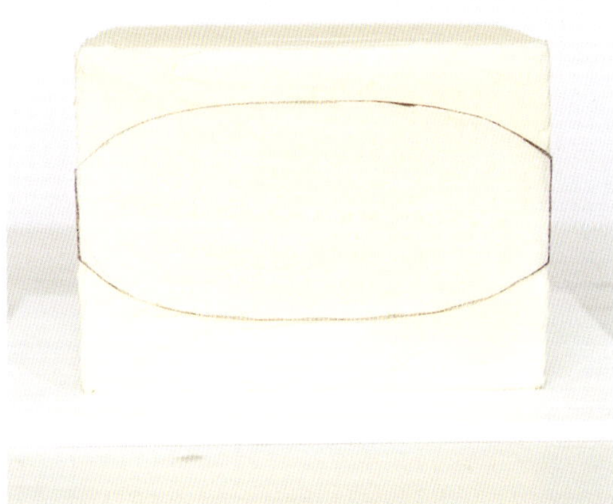

1. Stapel Deinen Kuchen und überziehe ihn dünn (siehe Grundlagen). Schneide aus Backpapier ein Stück aus, dessen Breite 5cm kleiner ist als die Höhe des Kuchens und runde die Ecken ab, wie hier gezeigt. Schneide vier gleiche Papierstücke aus und befestige sie an den vier Seiten des Kuchens, jeweils 2,5cm unter dem oberen Rand.

2. Überziehe den Kuchen rundherum mit pfirsichfarbenem Frosting und lasse die Papierflächen dabei frei. Glätte die Kuchenoberfläche (siehe Grundlagen).

TIPP

Für das Überziehen eines Kuchens mit zwei verschiedenen Farben ist es sehr hilfreich, die andersfarbige Fläche mit Backpapier abzudecken. Das verhindert, dass Farben sich vermischen, und Du erhältst eine saubere Trennlinie.

3. Löse die Papierstücke vorsichtig mit einem Zahnstocher und ziehe sie dann vollständig ab.

4. Fülle die abgerundeten Flächen auf allen Seiten des Kuchens mit weißem Frosting. Achte darauf, dass es die gleiche Stärke hat wie der pfirsichfarbene Rand. Verteile es vorsichtig mit einer kurzen Winkelpalette.

5. Streiche das Frosting mit einem kleinen Stück Karton oder Kunststoff gleichmäßig glatt und glätte den Kuchen dann mit einem Stück Vlies.

6. Spritze mit der Garniertülle Schweif eine Rüsche rund um die weiße Fläche. Drücke den Spritzbeutel dabei konstant, halte die runde Seite der Tüllenöffnung an den Rand der weißen Fläche und führe den Spritzbeutel an der Form entlang.

7. Spritze mit pfirsichfarbenem Frosting und der Lochtülle kleine fünfblättrige Blumen mit einem winzigen Loch in der Mitte. Spritze die Blumen dabei in versetzten Reihen auf die gesamte pfirsichfarbene Fläche des Kuchens.

8. Am Rand der weißen Fläche spritzt Du abwechselnd dreiblättrige Blumen und kleine Kreise mit weißem Frosting.

9. Warte etwa 30 Minuten bis 1 Stunde, damit das Frosting eine Kruste bilden kann. Schneide nun mit der Schere die Spitze eines Zahnstochers ab und stich mit dem stumpfen Ende in die Blumen, um das Lochmuster hervorzuheben.

10. Spritze mit der geraden Seite der Sternbandtülle kurze gerade Streifen aus grauem Frosting quer über die weißen Flächen. Achte darauf, zwischen diesen Streifen etwas Abstand zu lassen.

11. Spritze mit der Lochtülle und weißem Frosting kleine "Klammern" auf die Enden jedes Streifens. Spritze auf jede Seite des Kuchens eine große Schleife aus grauem Frosting. Spritze schließlich ein paar Stoffrosen aus hell-pfirsichfarbenem Frosting mit der Blütenblatttülle an den unteren Rand des Kuchens (siehe Rosenherz für diese Technik). Platziere je eine Zuckerperle mittig auf den Schleifen.

BEZAUBERNDES CHALKBOARD

Du kannst Dir aussuchen, welche Nachricht Du auf diese kleine schwarze Tafel schreibst. Du kannst das Design ganz leicht dem Thema des Anlasses anpassen, indem Du die Blumen und den Text auf der glatten schwarzen Fläche änderst.

Du benötigst

- einen runden Kuchen, 20cm Durchmesser, 20cm hoch
- 1,2kg schwarzes Frosting (Pastenfarbe graphitschwarz)
- 400–500g weißes Frosting (Lebensmittelfarbe Pulver weiß)
- 30–50g hell-rosafarbenes Frosting (Pastenfarbe kirschrot)
- 300–400g altrosafarbenes Frosting (Pastenfarbe bordeaux)
- 300–400g violettes Frosting (Pastenfarbe fliederviolett)
- 300–400g grünes Frosting (Pastenfarbe waldgrün)
- 50–100g gelbes Frosting (Pastenfarbe bernstein)
- Teigschaber
- Spritzbeutel
- Winkelpalette
- Vliesstoff
- Backpapier
- Lineal
- Stift
- Schere
- Zahnstocher
- Sterntülle (Cake Masters ST04 oder Wilton #16)
- Garniertülle (Cake Masters DHRC oder Wilton #81)
- Sterntülle (Cake Masters ST02 oder Wilton #14)
- Blatttülle offen (Cake Masters BLO05 oder Wilton #352)
- Blütenblatttülle (Cake Masters FPM oder Wilton #102)

1. Stapel den Kuchen und überziehe ihn dünn (siehe Grundlagen). Rühre dann die Farbe der Tafel an: Misch weißes Frosting langsam in einer Schüssel mit dem schwarzen Frosting. Beginne mit 100g und nimm nur so viel wie nötig, bis das Schwarz dunkelgrau wird. Trage das Frosting dann auf den Kuchen auf. Du musst es jetzt noch nicht glätten, verstreiche es nur gleichmäßig mit einem Teigschaber.

2. Spritze mit weißem Frosting kleine Kleckse unregelmäßig verteilt auf den ganzen Kuchen. Achte darauf, dazwischen Platz zu lassen und übertreibe es nicht. Verteile das Frosting mit der Spitze der Winkelpalette in kleinen runden oder hin- und herwischenden Bewegungen.

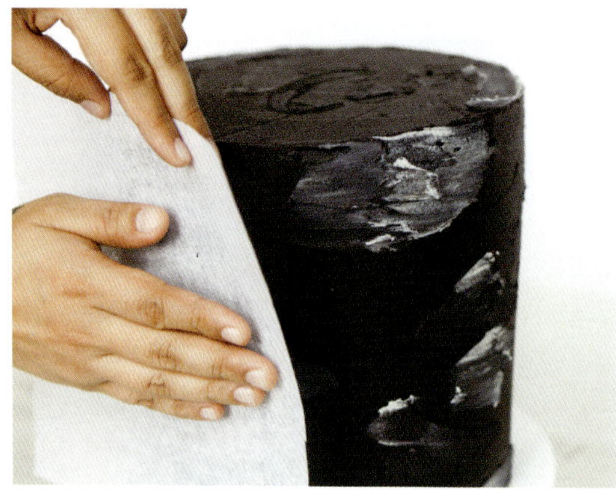

3. Glätte die Oberfläche leicht mit dem Vlies (siehe Grundlagen).

4. Zeichne auf einem Stück Backpapier einen Bogen, als Vorlage für die Position des oberen Blumenschmucks, und schneide ihn aus. Unser war 20cm breit. Platziere ihn am Kuchen und ziehe mit einem Zahnstocher eine Hilfslinie darum, dann entferne die Vorlage wieder. Wiederhole den Vorgang für den unteren Blumenschmuck – drehe dasselbe Papier dazu einfach um.

5. Fülle weißes Frosting in einen Spritzbeutel mit kleiner Öffnung an der Spitze oder nimm eine Lochtülle, und schreibe Deinen Text. In unserem Fall ist es das Wort "Love". Achte darauf, dass Dein Text mittig zwischen den Hilfsmarkierungen liegt.

6. Verziere Deinen Kuchen mit ein paar Bögen, Ornamenten, Herzen, Punkten oder Blättern aus weißem Frosting, aber nicht oberhalb des oberen Bogens bzw. unterhalb des Unteren.

7. Spritze mit der Sterntülle Cake Masters ST04 und altrosafarbenem Frosting eine kleine Spirale auf die Hilfslinie. Spritze weitere Spiralen mit etwas Abstand zum Einfügen anderer Blumen auf beide Bögen.

TIPP

Sollte etwas schiefgehen, mische das weiße Frosting einfach mit dem Palettenmesser in den schwarzen Hintergrund. Sollte das zu oft passieren und der Hintergrund zu hell werden, dann trage einfach ein dünne Schicht schwarzen Frostings auf und fang von vorne an. Da der Kuchen schwarz überzogen ist, lass ihn am Besten drei bis vier Stunden stehen, damit sich eine Kruste bildet. So kann sich das Schwarz nicht mit dem Weiß von Text und Dekorationen vermischen.

8. Spritze mit der Garniertülle und violettem Frosting Chrysanthemen. Setze die Tülle senkrecht auf den Kuchen auf, die gebogene Seite von der Blumenmitte weg zeigend. Drücke den Spritzbeutel sanft, während Du ihn anhebst und etwas wegziehst. Reduziere dabei den Druck für jedes kurze Blütenblatt. Spritze in gelb ein paar kurze Spitzen in die Blumenmitte.

9. Spritze mit der Sterntülle Cake Masters ST02 und hellrosafarbenem Frosting einfache Blumen, indem Du den Spritzbeutel im 90 Grad Winkel zum Kuchen hältst, die Tülle gerade eben die Oberfläche berührend. Drücke den Spritzbeutel, während Du ihn leicht im Uhrzeigersinn drehst (Linkshänder gegen den Uhrzeigersinn). Wenn sich eine Blume gebildet hat, löst Du den Druck und ziehst den Spritzbeutel weg. Füge noch Blumenmitten und einfache Blätter in gelb hinzu (siehe Blumen spritzen).

10. Spritze mit grünem Frosting ein paar Punkte und kleine Blätter zwischen die Blumen. Verwende dazu einen Spritzbeutel mit kleiner Öffnung an der Spitze (Punkte) und Blatttülle offen (Blätter).

HIMMLISCHE HUTSCHACHTEL

Für manche Leute mag eine Hutschachtel nur ein einfacher Behälter sein, in dem man Hüte transportiert; wir haben aber unsere durch die Beigabe von rosafarbenen und gelben Rosen zum Luxusgegenstand erhoben. Die klassische Form wird durch die zarte Farbkombination der Blumen hervorgehoben, die das Pastellgrün der Schachtel hervorragend ergänzt.

Du benötigst

- einen runden Kuchen, 20cm Durchmesser, 15cm hoch
- einen runden Kuchen, 15cm Durchmesser, 5cm hoch
- Styropor Dummy, 20cm Durchmesser, 2,5–4cm hoch
- dünnes Hardboard, 20cm Durchmesser
- 700–800g hellgrünes Frosting zum Überziehen des Kuchens (Pastenfarbe waldgrün)
- 200–300g hell-altrosafarbenes Frosting (Pastenfarbe bordeaux)
- 200–300g altrosafarbenes Frosting (Pastenfarbe bordeaux)
- 200–300g gelbes Frosting (Pastenfarbe sonnengelb plus einen Hauch Pastenfarbe bernstein)
- 200–300g hellgrünes Frosting (Pastenfarbe waldgrün)
- 200–300g hellgelbes Frosting (Pastenfarbe kastanienbraun/karamell)
- ungiftigen Klebstoff
- Teigschaber
- Wellenschliffmesser
- Kuchenstütze
- Anspitzer
- Lineal
- Schere
- Blüttenblatttülle (Cake Masters FPXS oder Wilton #103)
- Blüttenblatttülle (Cake Masters FPS oder Wilton #104)
- Blatttülle offen (Cake Masters BLO05 oder Wilton #352)
- Spritzbeutel
- Pinzette
- Zuckerperlen

1. Spritze im Voraus etwa 15–18 Rosen mit der Blütenblatttülle Cake Masters FPS in verschiedenen Größen (siehe Blumen spritzen) aus altrosa-, hell-altrosafarbenem und gelbem Frosting und friere sie ein.

2. Bereite das dünne Hardboard und den Dummy für den Deckel der Schachtel vor. Bohre in die Mitte des Hardboards ein Loch, durch das eine Stütze passt, bevor Du den Dummy auf die nichtbeschichtete Seite des Boards klebst.

Wir benutzen in diesem Projekt einen Dummy für den Deckel, um es einfacher zu machen. Du kannst natürlich auch einen Kuchen nehmen.

3. Setze den 20-cm-Kuchen zusammen (siehe Grundlagen) und lege den 15-cm-Kuchen mittig darauf. Schneide den kleineren Kuchen dann diagonal schräg zu. Der höchste Punkt sollte noch genug Raum für die Rosen lassen, die Du später hier platzierst. Bei unserem Kuchen waren das etwa 5cm.

4. Stecke eine Kuchenstütze in den Kuchen, miss die Höhe und markiere auf ihr den höchsten Punkt des Kuchens. Ziehe die Stütze heraus, schneide sie an der Markierung ab und schärfe ein Ende mit dem Anspitzer.

5. Lege den Dummy auf den Kuchen, um zu prüfen, ob Du die gewünschte Höhe erreichst und nimm ihn wieder herunter. Überziehe den Kuchen dünn mit Frosting. Trage dann eine glatte Schicht hellgrünes Frosting auf die Seiten des Kuchens und den Deckel auf (siehe Grundlagen).

6. Markiere mit einem Lineal oder Teigschaber vier senkrechte gerade Linien in gleichmäßigem Abstand rund um den Kuchen.

7. Spritze mit hellgelbem Frosting und der Blütenblatttülle Cake Masters FPXS zwei Rüschen, die Rücken an Rücken liegen (siehe Muster spritzen). Die breitere Seite der Tüllenöffnung berührt dabei die Hilfslinie. Folge der senkrechten Linie und lasse keinen Spalt.

8. Spritze Frostingkleckse, um die Rosen darauf zu befestigen und in einem steileren Winkel positionieren zu können, falls erforderlich. Achte darauf, dass die Rosen den höchsten Punkt der Kuchenmitte nicht überragen, damit sie nicht vom Deckel gequetscht werden.

9. Spritze oben auf den Kuchen eine sehr dünne Schicht Frosting, stecke die Stütze mit dem spitzen Ende nach oben in den Kuchen und lege den Deckel auf. Drücke ihn vorsichtig, aber fest darauf, damit die Stütze sich in den Dummy bohrt und er nicht verrutscht.

10. Spritze eine Perlenschnur (siehe Muster spritzen) mit hellgrünem Frosting am unteren Rand des Deckels und am oberen Rand der Schachtel entlang. Nimm dafür einen Spritzbeutel mit kleiner Öffnung an der Spitze.

11. Spritze einige hellgrüne Blätter mit der Blatttülle offen in die Lücken zwischen den Rosen.

12. Führe die hellgelben Rüschen über den Deckel weiter und spritze eine kleine Rüschenblume (siehe Blumen spritzen) auf den Punkt, wo sie sich kreuzen. Lege mit der Pinzette ein paar Zuckerperlen in die Mitte.

INSPIRIERT VON ROMERO BRITTO

Bejubelt von der farbenfrohen Neo-Pop-Bewegung Brasiliens ist Romero Britto ein Künstler, Maler und Bildhauer, dessen Werk ein optischer Augenschmaus ist. Wir lieben seine außergewöhnliche Fähigkeit, lebhafte Farben zu kombinieren, wobei er jedem Werk eine Geschichte, ein spielerisches Thema und Pop-Art einflößt. Seine Kunst strahlt Liebe, Fröhlichkeit und Enthusiasmus aus und inspiriert uns natürlich!

Du benötigst

- einen quadratischen Kuchen, 20x20cm, 15cm hoch
- 700g ungefärbtes Frosting
- 250g schwarzes Frosting (Pastenfarbe graphitschwarz)
- 250g gelbes Frosting (Pastenfarbe sonnengelb)
- 250g dunkelgelbes Frosting (Pastenfarbe sonnengelb plus Pastenfarbe bernstein)
- 250g orangefarbenes Frosting (Pastenfarbe sunsetorange)
- 250g hellrosafarbenes Frosting (Pastenfarbe kirschrot)
- 250g altrosafarbenes Frosting (Pastenfarbe kirschrot und ein wenig sunsetorange)
- 250g rotes Frosting (Pastenfarbe fuchsienrot plus Ruby red)
- 250g hellgrünes Frosting (Pastenfarbe waldgrün)
- 250g mittelgrünes Frosting (Pastenfarbe waldgrün)
- 250g violettes Frosting (Pastenfarbe fliederviolett)
- 250g blaues Frosting (Pastenfarbe türkis)
- Lochtülle (Cake Masters RT04 oder Wilton #5)
- Lochtülle (Cake Masters RT07 oder Wilton #12)
- Spritzbeutel
- Keksausstecher (Herzen und kleine Blumen in verschiedenen Größen)
- Teigschaber
- Vorlagen aus Karton für kleine Kreise und beliebige Formen
- Zahnstocher

1. Färbe das Frosting ein, fülle jede Farbe in einen separaten Spritzbeutel und schneide jeweils in die Spitze eine kleine Öffnung. Für das schwarze Frosting kannst Du eine Lochtülle Cake Masters RT04 verwenden oder eine etwas größere Öffnung in den Spritzbeutel schneiden.

2. Setze den Kuchen zusammen und überziehe ihn dünn mit Frosting (siehe Grundlagen). Lege dann zuerst die Position der größten Herzen fest, denn sie sind die Hauptdekoration. Markiere mit einem Keksausstecher ein Herz auf der Oberseite und zwei oder drei an den Seiten.

TIPP

Damit sich das schwarze Frosting nicht mit den anderen Farben vermischt, kannst Du es zuerst aufspritzen und etwa 30 bis 60 Minuten zur Krustenbildung stehen lassen, bevor Du die restlichen Farben aufspritzt. Das Muster kannst Du am Besten mit verschiedenen Ausstechern markieren. Solange Dir das Muster nicht gefällt, kannst Du diese Markierungen immer wieder glattstreichen.

3. Markiere mit einem Zahnstocher ein paar Halbkreise am unteren Rand aller vier Seiten des Kuchens.

4. Ziehe lange Linien rund um den Kuchen, die eine hübsche räumliche Aufteilung erzeugen. Für den richtigen Effekt sollten sich diese Linien untereinander berühren. Achte darauf, genug Zwischenraum für weitere dekorative Formen zu lassen.

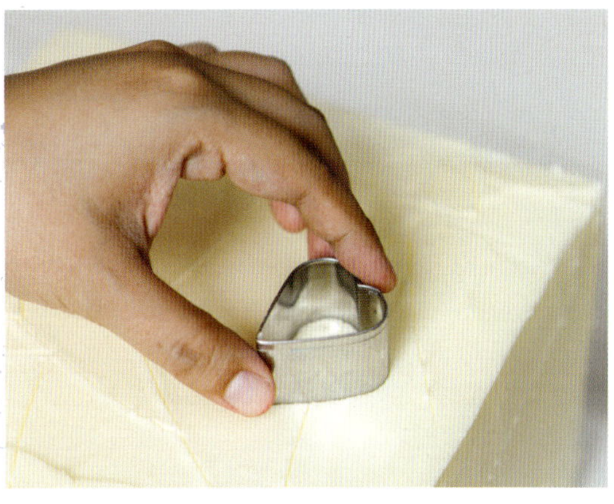

5. Setze mit dem kleinsten Herzausstecher einige Herzen willkürlich entlang der Linien.

6. Ziehe mit schwarzem Frosting und konstantem Druck erst die langen Linien, dann die großen Herzen und schließlich die kleinen Herzen nach.

7. Gestalte in den Zwischenräumen ein Muster mit der Lochtülle Cake Masters RT07, einem Blumenausstecher, einem Teigschaber und kleinen Vorlagen aus Karton über den ganzen Kuchen verteilt.

8. Fülle die kleinen Flächen (Kreise, Herzen und Blumen) mit unterschiedlichen Farben und spritze dabei hin und zurück, mit fortgesetztem, konstantem Druck. Die Bewegung ähnelt Stickstichen, die in Länge und Richtung variieren.

9. Fülle nun die größeren Flächen mit Streifen und achte darauf, dass du alle Farben verwendest.

10. Fülle abschließend die restlichen weißen Flächen mit Streifen aus farbigem Frosting. Achte darauf, die Richtung Deiner "Stiche" bei jeder Form zu ändern.

VAN GOGHS SONNENBLUMEN

Van Goghs Gemälde der Sonnenblumen sind sicherlich die weltweit bekanntesten Beispiele seiner Kunst. Die lebendigen Farben scheinen den Betrachter tief in ihren Bann zu ziehen. Für uns ist Van Goghs Meisterwerk ein Symbol der Hoffnung und des Optimismus.

Du benötigst

- einen quadratischen Kuchen, 20x20cm, 10cm hoch
- 200–300g dunkelgelbes Frosting (Pastenfarbe bernstein)
- 200–300g leuchtend gelbes Frosting (Pastenfarbe sonnengelb plus bernstein)
- 200–300g mittelgelbes Frosting (Pastenfarbe bernstein plus ein wenig sonnengelb)
- 200–300g hellblaues Frosting (Pastenfarbe türkis)
- 50–100g dunkelblaues Frosting (Pastenfarbe türkis)
- 100–200g dunkelgrünes Frosting (Pastenfarbe waldgrün)
- 100–200g hellgrünes Frosting (Pastenfarbe waldgrün)
- 400–500g dunkelbraunes Frosting (Pastenfarbe kastanienbraun)
- 100–200g hellbraunes Frosting (Pastenfarbe kastanienbraun)
- Winkelpalette
- Malpalette mit Spitze
- Backpapier
- Bleistift
- Schere
- Spritzbeutel
- Sterntülle (Cake Masters ST04 oder Wilton #16)
- Blatttülle (Cake Masters BL06 oder Wilton #67)
- Blatttülle offen (Cake Masters BLO05 oder Wilton #352)

1. Trage auf der Oberseite des Kuchens im unteren Bereich dunkelgelbes Frosting auf und lasse den Eindruck einer hügeligen Landschaft hinter den Blumen entstehen. Gib etwas leuchtend gelbes Frosting dazu, verstreiche es mit der größeren Winkelpalette und trage ein paar kurze waagerechte Striche mit der Spitze der Malpalette auf.

2. Wiederhole den Vorgang auf der verbleibenden Fläche mit dem Frosting in den beiden Blautönen.

Es gibt sehr viele unterschiedliche Blatt-Tüllen – experimentiere, um die perfekte Wirkung für Deinen Kuchen zu erzielen.

3. Schneide ein Stück Backpapier in exakt der gleichen Höhe und Breite der Seite Deines Kuchens zu. Falte es zweimal waagerecht und markiere mit einem Stück Karton die Seiten des Kuchens auf Höhe der Falten.

4. Fülle dunkelbraunes Frosting in einen Spritzbeutel mit der Sterntülle und spritze eng nebeneinander liegende, diagonale Linien zwischen die Hilfslinien. Die Reihen zeigen abwechselnd in die entgegengesetzte Richtung. Achte darauf, dass es keine Lücken gibt.

5. Spritze mit derselben Tülle eine geschwungene Borte entlang des ganzen oberen Kuchenrandes.

6. Spritze Blumenstiele mit dunkelgrünem Frosting und einem Spritzbeutel mit mittelgroßer Öffnung an der Spitze.

7. Plane die Position aller Sonnenblumen und spritze Hilfskreise als Markierung.

8. Spritze die Sonnenblumen mit Blatttülle Cake Masters BL06 (siehe Blumen spritzen). Nimm das Foto des fertigen Kuchens als Vorlage und erstelle zuerst alle untenliegenden Blumen inklusive der Blumen an den Seiten, bevor Du die Restlichen spritzt.

9. Baue die Sonnenblumen auf und wechsele dabei zwischen den zwei dunkleren Gelbtönen, um Abwechslung zu schaffen.

10. Spritze die restlichen Sonnenblumenköpfe mit Blatttülle offen in hellgelb. Diese Blütenblätter spritzt Du enger zusammen und flacher als die Anderen. Fülle die Blumenmitten mit Tupfen aus hell- und dunkelbraunem Frosting.

SEEROSEN-IMPRESSION

Es ist bemerkenswert, wie einfach man mit einer simplen Spritztechnik ein impressionistisches Meisterwerk erschaffen kann! Claude Monets berühmte Gemäldereihe der Seerosen war unsere Inspiration und Frosting unser Medium. Selbst ohne viele Details ist das Motiv der zarten rosafarbenen Seerosen auf dem ruhigen Teich deutlich zu erkennen.

Du benötigst

- einen runden Kuchen, 20cm Durchmesser, 15cm hoch
- 300–400g hellblaues Frosting (Pastenfarbe azurblau)
- 300–400g mittelblaues Frosting (Pastenfarbe türkis plus azurblau)
- 300–400g dunkelblaues Frosting (Pastenfarbe azurblau)
- 300–400g sehr hellgrünes Frosting (Pastenfarbe waldgrün)
- 300–400g hellgrünes Frosting (Pastenfarbe waldgrün)
- 300–400g mittelgrünes Frosting (Pastenfarbe waldgrün plus limettengrün)
- 300–400g dunkelgrünes Frosting (Pastenfarbe apfelgrün)
- 300–400g hell-rosafarbenes Frosting (Pastenfarbe kirschrot)
- 50–100g dunkelrosafarbenes Frosting (Pastenfarbe kirschrot)
- 50–100g dunkelviolettes Frosting (Pastenfarbe fliederrot plus kirschrot)
- 50–100g gelbes Frosting (Pastenfarbe bernstein)
- Blütenblatttülle (Cake Masters FPM oder Wilton #125)
- Spritztülle Vermicelle (Cake Masters VMCS oder Wilton #233)
- Blatttülle offen (Cake Masters BLO05 oder Wilton #352)
- Spritzbeutel
- Adapter

1. Beim Spritzen der "impressionistisch-gepunkteten" Basis mit der Spritztülle Vermicelle hältst Du den Spritzbeutel im Winkel von 90 Grad direkt auf die Oberfläche des Kuchens, bevor Du den Spritzbeutel drückst.

2. Drücke sanft, bis sich das Frosting leicht aufbaut, dann löse den Druck, bevor Du den Spritzbeutel wegziehst.

TIPP

Wenn Du aus Versehen den Spritzbeutel zu fest drückst, die kleinen Punkte zu dick werden und zusammenfließen, dann entferne sie einfach mit einer Winkelpalette oder einem Teigschaber und spritze neu.

3. Setze den Kuchen zusammen, runde den oberen Rand ab (siehe Wedgwood-Blau, Schritt 1–4) und überziehe ihn dünn (siehe Grundlagen). Fülle Frosting mit einem der Blautöne in einen Spritzbeutel mit kleiner Öffnung an der Spitze und markiere die Position von allen verschiedenen blauen Flächen.

4. Fülle alle blauen Flächen in den unterschiedlichen Tönen mit der Spritztülle Vermicelle. Achte dabei darauf, sie in Gruppen zu spritzen und übereinander, damit die Farben sich nicht vermischen.

5. Spritze weitere Hilfslinien für die Grüntöne.

6. Fahre fort wie bei den Blautönen und fülle die Flächen mit den unterschiedlichen Grüntönen, außer dem dunkelsten Grün.

7. Fülle dunkelgrünes Frosting in einen Spritzbeutel mit kleiner Öffnung an der Spitze und setze Akzente durch wellenförmige Reihen nebeneinanderliegender Punkte.

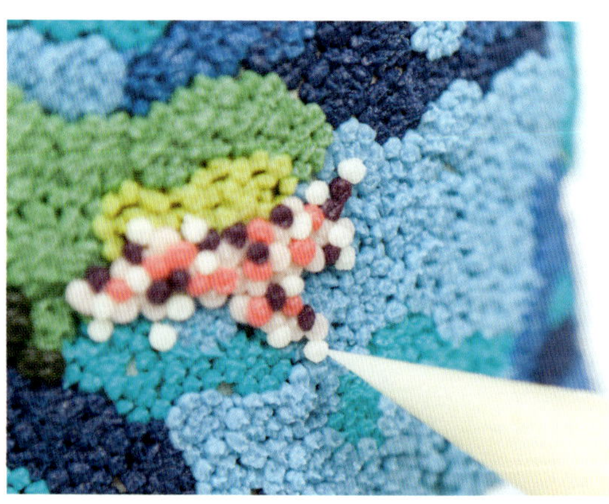

8. Wiederhole dies mit ungefärbtem, hell- und dunkelrosafarbenem und dunkelviolettem Frosting, um schemenhaft Seerosen anzudeuten.

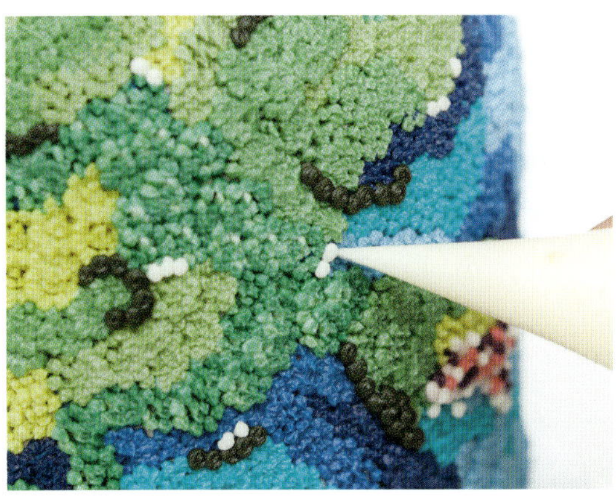

9. Verteile willkürlich ein paar weiße Punkte, wieder mit einem Spritzbeutel mit kleiner Öffnung, und setze so Lichtpunkte.

10. Spritze mit der Blütenblatttülle einige Seerosenblätter auf den Kuchen. Halte dabei den Spritzbeutel in einem flachen Winkel zum Kuchen, die breitere Tüllenöffnung zur Mitte des Blattes zeigend. Drücke den Spritzbeutel konstant, während Du ihn im Uhrzeigersinn drehst.

11. Spritze die Seerosenblüten mit hell-rosafarbenem Frosting wie eine Sonnenblume (siehe Blumen spritzen) in die Mitte der Blätter. Achte darauf, dass die ersten Blütenblätter in einem steilen Winkel von 30 bis 40 Grad gespritzt werden und steigere den Winkel zur Blumenmitte hin.

12. Setze Spitzen aus gelbem Frosting mit einem Spritzbeutel mit kleiner Öffnung in die Mitte der Blumen. Spritze weitere Blätter und Blumen an den unteren Rand des Kuchens.

STOFF AUS JOUY

Mit Toile de Jouy wird ein klassisches Muster bezeichnet, dass ursprünglich auf Stoffen verwendet wurde und Mitte des 18. Jahrhunderts sehr bekannt war. Kleine Szenen mit Blumenmustern oder Personen wurden in einer Farbe über den ganzen Stoff gedruckt. Du kannst ein beliebiges Muster wählen und entweder auf Backpapier übertragen oder ausgestanzte Scrapbooking-Motive, Papierspitzen und –bordüren verwenden. Du siehst hier, wie man mit einfacher Wiederholung eines Motivs ein wirklich elegantes Dekor gestalten kann.

Du benötigst

- einen quadratischen Kuchen, 20x20cm, 10cm hoch
- 1,5kg weißes Frosting (Lebensmittelfarbe Pulver weiß)
- Farbpaste in altrosa (Pastenfarbe bordeaux)
- Backpapier
- Stift oder Bleistift
- Schere
- kleines Stück Karton oder festes Papier
- Lineal
- Teigschaber
- Wellenschliffmesser
- Airbrushfarbe perlmutt (Dinky Doodle)
- Malpalette oder Teller
- Pinsel
- kleine Schüssel mit Wasser
- einen sauberen Schwamm
- Küchenpapier
- Zahnstocher
- Spritzbeutel
- Französische Tülle (Cake Masters F10 oder Wilton #199)

1. Übertrage Dein Bild auf Backpapier oder suche nach einem lizenzfreien Motiv im Internet und passe seine Größe an, bis es die richtige Abmessung hat. Schneide die Formen aus.

2. Setze den Kuchen zusammen (siehe Grundlagen). Schneide aus Karton oder Papier ein rechtwinkliges Drei eck aus, mit 5cm Seitenläge für die beiden kurzen Seiten. Schneide vier gleiche Dreiecke aus. Lege sie als Schneidehilfen auf die vier Ecken oben auf den Kuchen.

Die einzige Grenze für die Gestaltung eines Designs ist Deine eigene Vorstellungskraft! Du kannst es selbst zeichnen oder im Internet nach gebührenfreien Mustern suchen und sogar Stanzteile vom Scrapbooking verwenden.

3. Halte ein Lineal oder einen Teigschaber an die Spitzen der Dreiecke. Spritze eine gerade Hilfslinie an der Seite des Kuchens mit Frosting und einem Spritzbeutel mit kleiner Öffnung.

4. Schneide die Ecken des Kuchens mit einem Wellenschliffmesser gerade ab. Überziehe den Kuchen dünn und trage danach einen glatten Überzug aus weißem Frosting auf (siehe Grundlagen).

5. Lege Deine Papiermustervorlagen direkt danach auf den Kuchen, damit sie noch etwas an dem klebrigen Frosting haften. Wenn sich schon eine zu starke Kruste gebildet hat und die Muster nicht am Kuchen haften, tupfe etwas weißes Pflanzenfett auf das Papier.

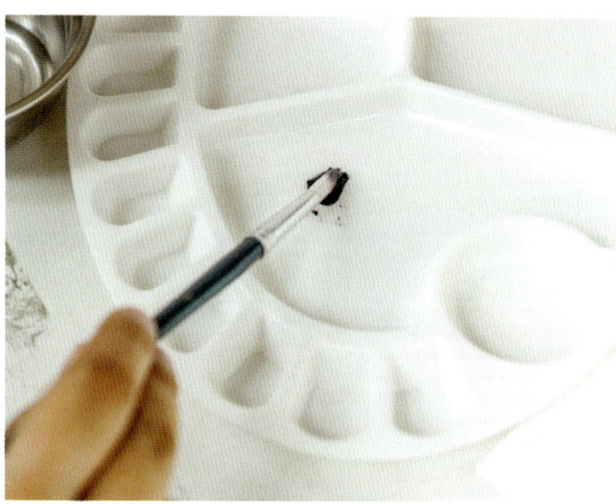

6. Gib etwas altrosafarbene Farbpaste auf eine Malpalette oder einen Teller und löse sie in ein paar Tropfen Wasser auf. Mische alles mit einem Pinsel, damit sich die Paste gut auflöst.

7. Schneide ein kleines Stück Schwamm zu, tauche es in die Farbe und entferne Überschüsse. Tupfe auf ein Küchenpapier, um überschüssiges Wasser zu entfernen und die Farbintensität zu prüfen.

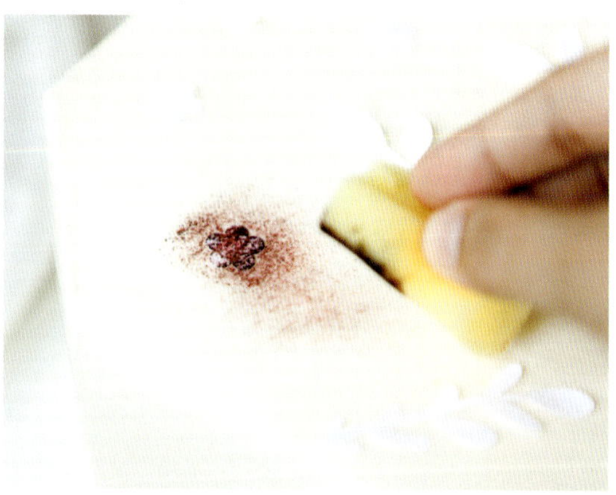

8. Betupfe sanft die Kuchenoberfläche. Trage rund um das Motiv etwas mehr Farbe auf, um einen Schatteneffekt zu erzeugen und dem Ganzen Tiefe zu verleihen.

9. Mische für den Hintergrund etwas Perlmuttfarbe an und betupfe damit den Kuchen.

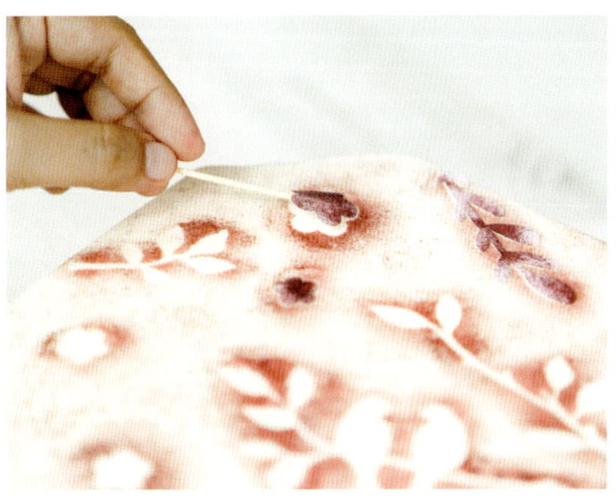

10. Hebe die Papiervorlagen vorsichtig mit einem Zahnstocher an und entferne sie.

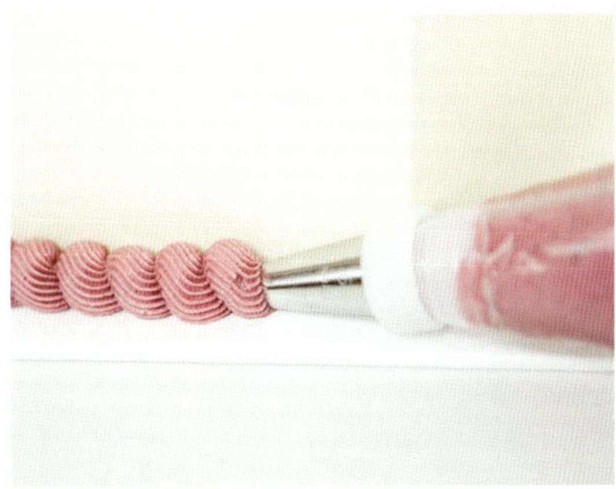

11. Färbe etwas Frosting mit altrosafarbender Farbpaste ein und spritze mit der Französischen Tülle Schlingen als Borte um den unteren Rand des Kuchens.

Tupfe die Farbe nicht zu fest auf den Kuchen, damit Du keine Eindrücke hinterlässt.

WEDGWOOD-BLAU

Die typische Farbe des Wedgwood-Steingut-Geschirrs ist weltweit berühmt. Das weiche Blau des Hintergrunds wird meist mit floralem, sehr zartem Dekor bedeckt. Du kannst hier ein bezauberndes kleines Artefakt gestalten, indem Du Dein eigenes einfarbiges "Wedgwood"-Muster auf einen Kuchen aufträgst. Nimm ein Muster, das Dich begeistert – wähle etwas Passendes, und Dein Kuchen wird schlichtweg Eleganz ausstrahlen.

Du benötigst

- einen runden Kuchen, 20cm Durchmesser, 15cm hoch
- 1kg hellblaues Frosting zum Überziehen des Kuchens (Pastenfarbe azurblau plus ein Hauch türkis)
- 100–200g hellblaues Frosting (Pastenfarbe azurblau plus ein Hauch türkis)
- 100-200g mittelblaues Frosting (Pastenfarbe azurblau)
- 100–200g dunkelblaues Frosting (Pastenfarbe azurblau)
- Backpapier
- Schere
- Stift oder Bleistift
- Lineal
- Wellenschliffmesser
- kleines Stück Papier oder Karton
- Teigschaber
- Spritzbeutel
- Lochtüllen (Cake Masters RT01A, RT02 oder Wilton #2, #3)
- Pinsel, flach und mit runder Spitze
- kleine Schüssel mit Wasser
- Zahnstocher

1. Setze den Kuchen zusammen (siehe Grundlagen). Schneide aus Backpapier einen Kreis aus, dessen Durchmesser 5cm kleiner ist als die Oberseite des Kuchens.

2. Je nachdem, wie rund Du die obere Kante des Kuchens gestalten möchtest, ziehst Du mit Frosting eine Hilfslinie 2,5–5cm unterhalb der oberen Kante rund um den Kuchen.

TIPP

Einige Serien des Wedgwood-Geschirrs haben ein blaues Dekor auf weißem Hintergrund; das wäre eine hübsche Alternative. Du kannst auch für das Dekor nur einen Blauton wählen oder mehr Farben verwenden als in diesem Projekt angegeben.

3. Schneide den oberen Rand des Kuchens vorsichtig zu einer sanften Rundung und orientiere Dich dabei am Papier und der gespritzten Hilfslinie.

4. Zeichne die gewünschte Rundung auf ein Stück Karton, schneide sie aus und prüfe damit die Genauigkeit und Gleichmäßigkeit des runden Kuchenrandes. Passe den Kuchen an und korrigiere Unregelmäßigkeiten.

5. Wenn Du zufrieden bist, überziehe den Kuchen dünn und trage danach einen glatten Überzug aus hellblauem Frosting auf (siehe Grundlagen).

6. Bereite Frosting in drei Blautönen vor: hell-, mittel- und dunkelblau. Fülle sie in separate Spritzbeutel mit abgeschnittener Spitze oder verwende eine Lochtülle. Beginne am äußeren Rand des ersten Blütenblattes und spritze eine ungleichmäßige Außenlinie aus mittelblauem Frosting.

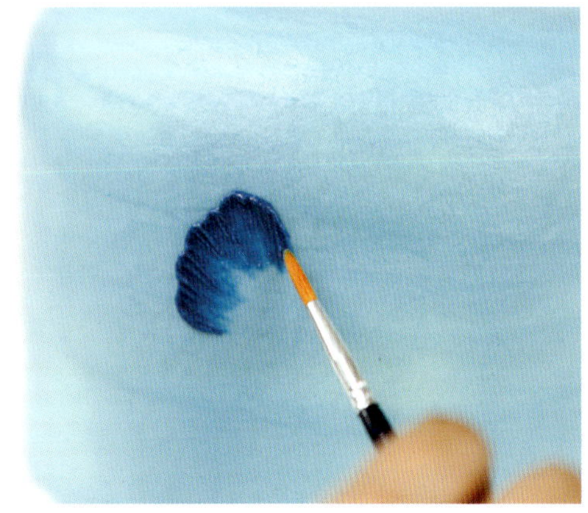

7. Streiche das Frosting mit einem feuchten, flachen oder runden Pinsel von der Außenlinie hin zur Mitte oder der Basis der Blume. Wiederhole den Vorgang für einige weitere Blütenblätter.

8. Fahre fort und spritze / streiche weitere Lagen von Blütenblättern, bis die Blume vollständig fertig ist. Falls Du die Außenlinie zu stark nach innen gestrichen hast, überspritze sie, damit sie etwas dicker ist.

9. Zeichne mit einem Zahnstocher Blattumrisse und Stiele nach Deinem Geschmack auf.

10. Fülle die Blätter mit hellblauem Frosting. Spritze dabei Zickzack-Muster, ähnlich Stickstichen (siehe Inspiriert von Romero Britto, Schritt 8).

11. Spritze in derselben Technik die Außenlinie der Blätter und die Stiele mit dunkelblauem Frosting.

12. Füge weitere Blumen in unterschiedlichen Größen rund um den Kuchen hinzu. Spritze abschließend eine Muschelborte oder eine Perlenschnur (siehe Muster spritzen) aus dunkelblauem Frosting um den unteren Rand des Kuchens.

BASRELIEF

Zu diesem Reliefmuster wurden wir durch eine Skulptur inspiriert, auf der Formen reliefartig herausgearbeitet waren und sich vom Untergrund abhoben. Allerdings haben wir unser feines Muster aufgespritzt, statt es aus dem Material herauszuschnitzen. Du kannst auch eine hellere oder dunklere Untergrundfarbe wählen, um die Details noch stärker hervorzuheben. Kunstvoll und elegant, eignet sich dieser Kuchen hervorragend für die großen Feste des Lebens.

Du benötigst

- einen quadratischen Kuchen, 15x15cm, 20cm hoch
- 1kg hell-cremefarbenes Frosting (Pastenfarbe kastanienbraun/karamell)
- 800g mittel-cremefarbenes Frosting (Pastenfarbe kastanienbraun/karamell)
- Kuchenstützen
- Teigschaber
- Spritzbeutel
- Schere
- Adapter
- Blüttenblatttülle (Cake Masters FPXS oder Wilton #103)
- Sterntülle (Cake Masters ST04 oder Wilton #16)
- Lochtülle (Cake Masters RT01 oder Wilton #1)
- Airbrush-Gerät
- Airbrush-Farbe Perlmutt

1. Setze den Kuchen zusammen und stabilisiere ihn mit der Stütze. Überziehe ihn dünn und trage dann eine glatte Schicht hell-cremefarbenes Frosting auf (siehe Grundlagen).

2. Spritze mit mittel-cremefarbenem Frosting und der Blütenblatttülle Knospen, Rosen und Rüschenblumen (siehe Blumen spritzen) an alle Kanten des Kuchens.

Neben den gespritzten Elementen, die den eleganten Relief-Effekt erzeugen, kannst Du auch verschiedene Moulds verwenden und die damit hergestellten Formen mit einer dünnen Schicht Frosting auf dem Kuchen befestigen (siehe Moulds). Wenn diese Dekorelemente sehr schwer sind, wird Piping Gel oder Lebensmittelkleber sie nicht am Kuchen halten.

3. Sobald die Blumen mit einer leichten Kruste überzogen sind, drücke die groben Stellen, wo Du den Spritzbeutel weggezogen hast, vorsichtig glatt.

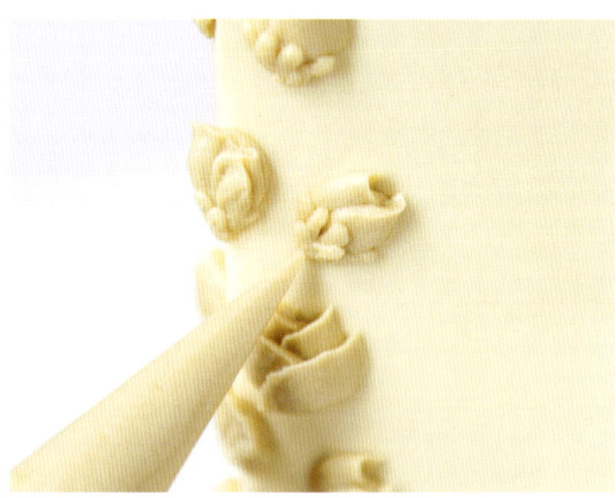

4. Fülle mittel-cremefarbenes Frosting in einen Spritzbeutel mit kleiner Öffnung an der Spitze und spritze Kelchblätter an die Knospen und Rosen, und kleine Tupfen an die Basis der Rüschenblumen.

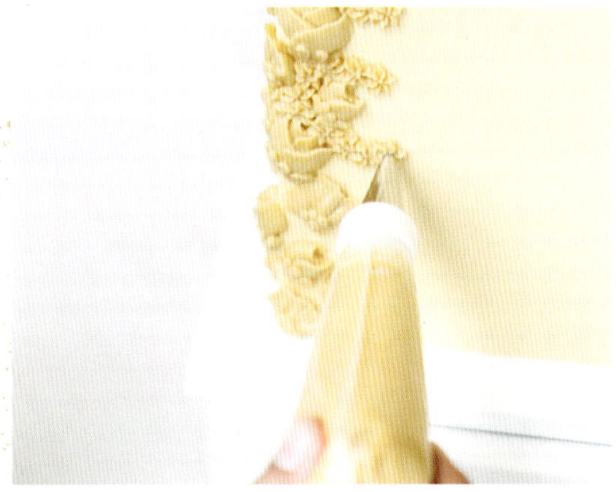

5. Fülle die Lücken zwischen den Blumen mit der Sterntülle. Spritze dabei weitere Sterne wie eine Blütendolde nach beiden Seiten der Ecke auslaufend. Achte darauf, alle Lücken mit kleinen Sternen zu füllen.

6. Spritze ans Ende jeder Stern-"Blütendolde" eine kleine Knospe. Spritze einige Knospen in Lagen mit einem Spritzbeutel mit kleiner Öffnung oder der Lochtülle.

7. Spritze unregelmäßig verteilt ein paar Ranken, um die Dekoration zu ergänzen.

8. Setze auf einige Blumen Lichtpunkte, indem Du sie mit Perlmuttfarbe airbrushst. Trage nicht zu viel auf – Du sollst nur Akzente setzen, sonst sieht der Kuchen zu metallisch aus.

TIPP

Wenn Du kleine Details mit Airbrush-Farbe besprühst, achte darauf, dass Du die Pistole nahe genug heranführst, um die Details zu treffen, aber nicht zu nahe – sonst sammelt sich die Farbe auf der Oberfläche und tropft oder läuft herunter.

TOTAL TROPISCH

Lass Dich von der beruhigenden Ausstrahlung dieses Kuchens mit tropischem Insel-Look tragen. Bambus und Hibiskus ergänzen sich hier zu einem frischen, klaren Design – perfekt für ein Sommerfest im Freien. Die Kaskade tropischer Blüten setzt kräftige Akzente auf dem ruhigen grünen Untergrund.

Du benötigst

- einen quadratischen Kuchen, 15x15cm, 10cm hoch
- 600–700g grünes Frosting (Pastenfarbe waldgrün)
- 50–100g karamellfarbenes Frosting (Pastenfarbe kastanienbraun/karamell)
- 100–200g gelbes Frosting (Pastenfarbe bernstein)
- 150–200g weißes Frosting (Lebensmittelfarbe Pulver weiß)
- 100–200g hell-rosafarbenes Frosting (Pastenfarbe kirschrot)
- 100–200g orangefarbenes Frosting (Pastenfarbe apricot)
- 100–200g blaues Frosting (Pastenfarbe türkis plus azurblau)
- Lochtülle (Cake Masters RT06 oder Wilton #10)
- Blütenblatttülle (Cake Masters FPS oder Wilton #104)
- Blätter aus Esspapier
- Spritzbeutel

1. Halte beim Spitzen des Bambus den Spritzbeutel seitlich in die Richtung, in die Du spritzen willst. Dadurch erhältst Du die runde Form jedes Bambusstücks (oben). Nicht im 90°-Winkel halten, sonst sieht der Bambus flach aus (unten).

2. Setze den Kuchen zusammmen und überziehe ihn dünn (siehe Grundlagen). Beginne dann an einer beliebigen Ecke auf einer beliebigen Seite des Kuchens und spritze grüne Bambusstücke mit der Lochtülle. Variiere dabei die Länge der Stücke von 2,5 bis 4cm.

Dieser Kuchen ist ein Quader, der auf der Seite liegt. Da er klein ist, haben wir ihn nicht abgestützt. Wenn Du ihn höher machen möchtest, solltest Du die Lagen mit Stützen stabilisieren.

3. Fülle karamellfarbenes Frosting in einen Spritzbeutel mit kleiner Öffnung und spritze hinter jedes Bambusstück eine kurze, aber dicke Linie.

4. Fahre fort und spritze Bambus an allen Kanten des Kuchens entlang. Arbeite dann nach innen, bis die gesamte Oberfläche des Kuchens bedeckt ist.

5. Achte darauf, dass die Bambusstücke eng nebeneinander liegen und es zwischen ihnen keine Lücken gibt.

6. Spritze die Frangipani-Blüten direkt auf den Kuchen. Verwende weißes und gelbes Frosting im Zwei-Farben-Effekt (siehe Romantische Spitze) und der Blütenblatttülle (siehe Blumen spritzen). Die Blüten können sich teilweise überlappen, damit es naturgetreuer aussieht.

7. Stelle die Blätter aus Esspapier her (siehe Esspapier verwenden). Spritze einen Klecks Frosting an die Stelle, wo Du die Blätter platzieren möchtest.

8. Positioniere die Blätter nach Deinem Geschmack.

9. Spritze die orangefarbenen Hibiskusblüten mit der Blütenblatttülle direkt auf den Kuchen und füge die Punkte auf den Fruchtknoten in gelb hinzu (siehe Blumen spritzen). Übe beim Spritzen etwas Druck aus, damit die Blumen sicher am Kuchen haften.

10. Spritze abschließend ein paar Hibiskusblüten in rosa, um weitere Farbakzente zu setzen.

SCHATZSUCHE

Der Blick auf das Meer ist immer beeindruckend, und die Brandung übt eine starke Anziehungskraft auf uns aus. Was könnte also ansprechender sein als ein Kuchen zum Thema Strand? Besonders mit einem Hinweis auf einen vergrabenen Piratenschatz! Wir haben essbare Muscheln, Sand aus Kekskrümeln und blaue Rüschenwellen genommen, ein Stück altes Seil und einen Kompass gespritzt – ein Leckerbissen für Strandgutsammler, Segler und alle, die das Meer lieben.

Du benötigst

- einen runden Kuchen, 20cm Durchmesser, 15cm hoch
- 1kg hell-cremefarbenes Frosting (Pastenfarbe kastanienbraun/karamell)
- 400–500g mittelblaues Frosting (Pastenfarbe türkis plus azurblau)
- 400–500g hellblaues Frosting (Pastenfarbe azurblau)
- 300–400g weißes Frosting (Lebensmittelfarbe Pulver weiß)
- 100–200g dunkelgelbes Frosting (Pastenfarbe bernstein)
- 50–100g schwarzes Frosting (Pastenfarbe graphitschwarz)
- 50–100g braunes Frosting (Pastenfarbe kastanienbraun)
- 30–50g rotes Frosting (Pastenfarbe korallenrot/Ruby red)
- 30-50g hellbraunes Frosting (Pastenfarbe kastanienbraun)
- Teigschaber
- Winkelpalette
- Spritzbeutel
- Schere
- Vlies
- 2–3 EL Kakaopulver
- kleine Schüssel mit Wasser
- 3–4 EL geschmolzene Kakaobutter oder Pflanzenfett
- Malpalette oder kleinen Teller
- Pinsel mit runder Spitze
- Pinsel mit abgerundeter flacher Spitze
- Zahnstocher
- Blütenblatttülle (Cake Masters FPS oder Wilton #104)
- zerbröselte Vollkornkekse (z.B. Graham Cracker)

1. Setze den Kuchen zusammen und überziehe ihn dünn (siehe Grundlagen). Lege ihn auf das vorbereitete Cakeboard, trage eine Schicht hell-cremefarbenes Frosting auf und streiche sie mit dem Teigschaber glatt. Fülle dunkelgelbes Frosting in einen Spritzbeutel mit kleiner Öffnung und spritze willkürlich verteilte Kleckse auf. Verstreiche sie mit der Winkelpalette in einer kreisförmigen Bewegung. Wiederhole den Vorgang mit braun.

2. Streiche alle Seiten glatt, um die Flächen zu marmorieren. Reinige den Teigschaber von Zeit zu Zeit, damit die Farben sich nicht zu sehr vermischen.

3. Wenn die Oberfläche gleichmäßig dick ist, glätte sie leicht mit dem Vlies. Lass ein paar gröbere Stellen rund um den Kuchen.

4. Löse das Kakaopulver in geschmolzenem Pflanzenfett oder Kakaobutter für die Malfarbe. Entscheide, wieviel Kakaopulver Du nimmst, je nachdem, wie dunkel Dein Braun sein soll.

5. Male mit dem runden Pinsel ein paar braune Flecken auf und verwische die Farbe ein bisschen, um ein altes, abgegriffenes Aussehen herzustellen.

6. Ziehe Hilfslinien mit dem Zahnstocher für die Positionierung der Wellen.

7. Spritze die Wellen mit der Blütenblatttülle in weiß und mittelblau (siehe Zwei-Farben-Effekt, romantische Spitze). Die breitere Öffnung der Tülle sollte dabei den Kuchen berühren und die schmalere Öffnung im 20°-Winkel nach oben zeigen.

8. Übe gleichmäßigen Druck aus, während Du die Hand leicht auf und ab bewegst, und ziehe die Welle entlang Deiner Markierung. Feuchte den flachen Pinsel dann mit etwas Wasser an und wische das blaue Frosting nach unten.

9. Wiederhole den Vorgang und wechsele dabei zwischen den beiden Blautönen ab. Spritze Wellen anhand Deiner Hilfslinie rund um den unteren Teil des Kuchens und auf das Cakeboard.

10. Streue die Kekskrümel auf das Cakeboard und zwischen die Wellen. Für schmalere Zwischenräume kannst Du dafür die Spitze einer Winkelpalette zu Hilfe nehmen.

11. Spritze das Seil in hellbraunem Frosting. Dazu spritzt Du kurze, sich überlappende "S"-Formen für das gedrehte Seil mit einem Spritzbeutel mit kleiner Öffnung. Spritze die Markierungen der Landkarte aus braunem Frosting mit einem Spritzbeutel mit sehr kleiner Öffnung. Das "X" in rot und den Kompass in schwarz.

12. Spritze 15 bis 20 Muscheln mit einem Spritzbeutel mit mittlerer Öffnung an der Spitze (siehe Tipp). Drücke dabei den Spritzbeutel gleichmäßig, die Öffnung aufgesetzt, und bewege die Hand dann kreisförmig, während die Muschel größer wird.

TIPP

Du kannst für die Muscheln auch eine Lochtülle wie Cake Masters RT01 oder RT01A verwenden, oder sogar eine Sterntülle wie Cake Masters ST02 oder ST04. Abhängig von der gewünschten Größe kannst Du auch größere Tüllen nehmen. Da es eine Herausforderung sein kann, sie direkt auf die Krümel zu spritzen, kannst Du die Muscheln auch vorher einfrieren.

LANDSCHAFT IM RAHMEN

Stell Dir vor, Du bist in einem Landhaus inmitten eines wunderschönen Gartens, mit einem atemberaubenden Ausblick auf Wiesen und Grünflächen. Schon die Gestaltung dieses Kuchens und das fertige Ergebnis werden Dich mit einem tiefen Gefühl von Ruhe erfüllen.

Du benötigst

- einen quadratischen Kuchen, 20x20cm, 10cm hoch
- 100–150g weißes Frosting (Lebensmittelfarbe Pulver weiß)
- 700–800g mittel-karamellfarbenes Frosting (Pastenfarbe kastanienbraun)
- 300–400g hell-karamellfarbenes Frosting (Pastenfarbe kastanienbraun)
- 100–200g dunkelgelbes Frosting (Pastenfarbe bernstein)
- 100–150g blaues Frosting (Pastenfarbe türkis plus azurblau)
- 100–150g hellgrünes Frosting (Pastenfarbe waldgrün)
- 100–150g mittelgrünes Frosting (Pastenfarbe waldgrün)
- 100–150g dunkelgrünes Frosting (Pastenfarbe apfelgrün)
- 100–150g hell-rosafarbenes Frosting (Pastenfarbe kirschrot)
- 100–150g dunkel-rosafarbenes Frosting (Pastenfarbe kirschrot)
- 100–150g graues Frosting (Pastenfarbe graphitschwarz)
- 100–150g schwarzes Frosting (Pastenfarbe graphitschwarz)
- 100–150g hellbraunes Frosting (Pastenfarbe kastanienbraun)
- 100–150g dunkelbraunes Frosting (Pastenfarbe kastanienbraun)
- Stift oder Bleistift
- Backpapier
- Schere
- Wellenschliffmesser
- Spritzbeutel
- Winkelpalette
- Teigschaber
- Vlies
- Prägematte "Backstein"
- Pinsel, flach mit abgerundeter Spitze
- Farbpaste Autumn Leaf (Pastenfarbe bernstein)
- Malpalette
- kleine Schüssel mit Wasser
- Zahnstocher
- Sterntülle (Cake Masters ST02 oder Wilton #14)
- Blütenblatttülle (Cake Masters FPXS oder Wilton #103)
- Sternbandtülle (Cake Masters BAS10 oder Wilton #47)

1. Schneide aus Backpapier eine Vorlage für das Fenster aus, 15cm breit und 25cm hoch; den oberen Teil bogenförmig abgerundet. Lege die Vorlage auf Deinen Kuchen und schneide ihn mit einem Wellenschliffmesser entsprechend zu. Lege die abgeschnittenen Teile unten an, um das Fenster zu verlängern. Schneide die Oberseite des Kuchens gerade, falls erforderlich (wir haben den Kuchen nicht gefüllt und überzogen, so wie er war).

2. Überziehe den Kuchen dünn (siehe Grundlagen) und trage dann weißes Frosting auf die Oberseite und mittel-karamellfarbenes Frosting auf den Rand auf. Verteile einige dunkelgelbe Kleckse willkürlich auf der Seite des Kuchens und misch sie mit der Winkelpalette in einer kreisförmigen Bewegung ein.

3. Vermisch die Farben mit dem Teigschaber danach noch etwas mehr. Streiche in zwei Richtungen über den Kuchen (von rechts nach links und zurück).

4. Spritze kleine Kleckse blauen Frostings in den oberen Bogen und misch sie mit einer kreisförmigen Bewegung in den Untergrund ein. So erhältst Du einen Himmel mit Wolken. Streiche die Fläche dann mit dem Teigschaber in zwei Richtungen vorsichtig glatt. Glätte die Oberfläche des ganzen Kuchens dann mit dem Vlies (siehe Grundlagen).

5. Drücke die Prägematte fest auf die Seiten des Kuchens. Um ein altes und verwittertes Aussehen zu erhalten, löst Du Pastenfarbe bernstein in etwas Wasser auf und bestreichst damit die Prägematte vor dem Prägen. Nimm dazu nicht zu viel Wasser.

6. Mit Sternbandtülle und hell-karamellfarbenem Frosting spritzt Du einen Rand rund um die obere Kante des Kuchens. Die glatte Seite der Tülle zeigt dabei nach oben. Spritze dafür insgesamt drei Lagen aufeinander, um den Fensterrahmen herzustellen.

7. Glätte den Spalt zwischen den beiden Farben an der Seite des Kuchens mit einem kleinen Malspachtel.

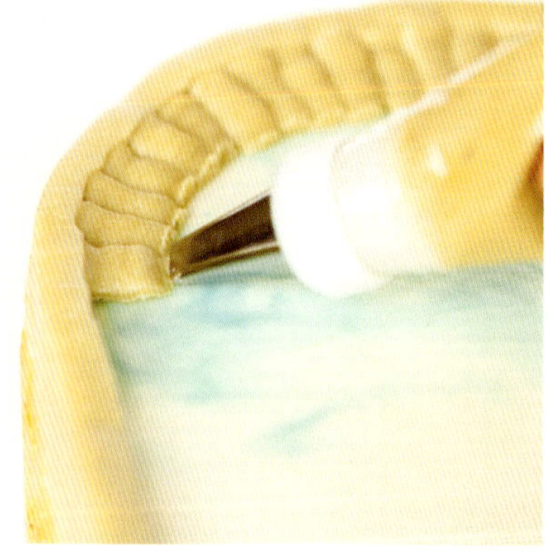

8. Spritze mit derselben Tülle in hell-karamellfarbenem Frosting einen inneren Rahmen aus 2,5cm langen Streifen rund um das Fenster. Am unteren Rand des Fensters spritzt Du zwei weitere Reihen aus Streifen: eine auf den ersten Randstreifen, die Zweite an der Seitenkante, wo der Fensterrahmen auf das "Backstein"-Muster trifft.

9. Spritze den halben Horizont und den Pfad in hell-karamellfarbenem Frosting. Tupfe dann einen feuchten Pinsel vorsichtig darauf, um etwas Struktur einzuarbeiten.

10. Spritze mit den verschiedenen Grüntönen die Wiesen auf den Kuchen. Trage dabei das Frosting nicht zu dick auf. Betupfe die Flächen wieder, um die Farben etwas zu mischen.

11. Trage etwas blaues Frosting auf, um den Eindruck von Wasserflächen zu vermitteln, und füge ein paar Schatten in dunkelgrünem Frosting zu. Du kannst auch Berge und Bäume einfügen und sie leicht vermischen oder einfach in der gespritzten Form belassen.

12. Spritze am unteren Rand des Bildes einige Kleckse aus grauem Frosting als Felsen, und kleine schwarze Streifen für die Schatten. Misch diese mit einem Pinsel leicht ein.

13. Spritze Stiele und Ranken in verschiedenen Grüntönen, und den Baum mit Zweigen in hell- und dunkelbraunem Frosting.

14. Spritze Knospen in hellrosa (siehe Blumen spritzen) und kleine Tupfen in hell- und dunkelrosa. Mit der kleinen Sterntülle spritzt Du Blattwerk in mittelgrün. Für kleinere Blätter schneidest Du ein etwas größeres Loch in die Spitze des Spritzbeutels und spritzt Spitzen und gewellte Spitzen in zwei Grüntönen.

ROSENHERZ

Diese Rosen werden aus einem Band aus Frosting geformt und sind so einfach wie wirkungsvoll herzustellen. Du beginnst mit einem glatten weißen Untergrund als einfache Leinwand, und mit einem zarten Hauch kannst Du Deinen Kuchen auf ein anderes Niveau erheben, von dem er Eleganz und Stil ausstrahlt. Die Anordnung der Rosen ist Geschmackssache; wir haben hier die klassische, romantische Aussage der Herzform gewählt.

Du benötigst

- einen runden Kuchen, 15cm Durchmesser, 10cm hoch
- 600–750g weißes Frosting (Lebensmittelfarbe Pulver weiß)
- 200–300g rosafarbenes Frosting (Pastenfarbe kirschrot)
- 200–300g rotes Frosting (Pastenfarbe kirschrot, sunsetorange und korallenrot)
- Backpapier
- Schere
- Blumennagel
- Blütenblatttülle (Cake Masters FPXS oder Wilton #103)
- Spritzbeutel
- Zahnstocher
- Teigschaber
- Cakeboard oder Platte
- Pinzette
- Zuckerperlen

1. Schneide aus Backpapier kleine Quadrate aus. Gib einen kleinen Klecks Frosting auf den Blumennagel und befestige darauf ein Papierquadrat.

2. Fülle rotes Frosting in einen Spritzbeutel mit Blütenblatttülle und spritze eine Rose. Dazu hältst Du die Tülle aufrecht, mit der breiteren Öffnung den Blumennagel berührend. Drücke gleichmäßig, während Du den Blumennagel drehst.

Diese Ribbon Roses sind klein und aus nur wenig Frosting gespritzt. Sie schmelzen also leicht, besonders, wenn Du sie am Kuchen anbringst und sie dabei mit Deinen Fingern berührst. Wenn sie weich werden, denn stelle sie einfach zurück in den Gefrierschrank. Achte darauf, dass Du frisches Frosting auf den Kuchen aufträgst, damit die Rosen besser haften, und drücke sie mit einem Zahnstocher fest an.

3. Hebe die gespritzten Rosen mit einer Schere an, lege sie auf ein Board oder eine Platte und stelle sie ein paar Minuten zum Festwerden in den Gefrierschrank. Spritze insgesamt 40 bis 50 Rosen aus rotem und rosafarbenem Frosting.

4. Setze Deinen Kuchen zusammen, überziehe ihn dünn und trage dann eine glatte Decke aus 500–600g weißem Frosting auf (siehe Grundlagen). Stelle den Rest für Schritt 5–9 beiseite. Markiere den Umriss Deines Designs mit einem Zahnstocher auf der Oberfläche des Kuchens.

5. Trage weißes Frosting auf die Fläche auf, auf der die Rosen platziert werden sollen.

6. Nimm die gefrorenen Rosen aus dem Gefrierschrank und setze sie schnell an ihren Platz auf dem Kuchen. Damit Du sie nicht anfassen musst – und sie nicht so schnell schmelzen – stichst Du mit zwei Zahnstochern seitlich in die Rose und bewegst sie etwas hin und her beim Herunterdrücken.

7. Beginne an einer Seite Deines Designs und arbeite zur Mitte hin. Wechsele dabei zwischen roten und rosafarbenen Rosen ab.

8. Fahre fort und bringe die Rosen auf der Oberseite des Kuchens an, Deiner Markierung folgend.

9. Fülle weißes Frosting in einen Spritzbeutel mit kleiner Öffnung an der Spitze und spritze in die Lücken zwischen den Rosen und rundherum.

10. Lege die Zuckerperlen mit einer Pinzette in die Lücken.

ROMANTISCHE SPITZE

Mit zartem Spitzenmuster, auf einen weißen Untergrund gespritzt, erhält man einen eleganten und romantischen Kuchen. Du kannst die Spitze dichter oder weiter spritzen, je nachdem welches Aussehen Du anstrebst. Wenn Du die Dichte der Spitze variierst, wird das ganze Design noch effektvoller, da Du helle und dunkle Flächen auf der Oberfläche schaffst. Gib ein paar Blumen dazu und Du hast einen wirklich aufsehenerregenden Kuchen.

Du benötigst

- einen quadratischen Kuchen, 15x15cm, 20cm hoch
- 1kg weißes Frosting (Lebensmittelfarbe Pulver weiß)
- 300–400g schwarzes Frosting (Pastenfarbe graphitschwarz)
- 200–300g grünes Frosting (Pastenfarbe waldgrün)
- 200–300g orangefarbenes Frosting (Pastenfarbe sunsetorange plus ein Hauch graphitschwarz)
- 200–300g violettes Frosting (Pastenfarbe fliederviolett plus ein Hauch graphitschwarz)
- 200–300g gelbes Frosting (Pastenfarbe sonnengelb plus ein Hauch bernstein und ein Hauch graphitschwarz)
- Teigschaber
- Lochtülle (Cake Masters RT01 oder Wilton #1)
- Blattülle offen (Cake Masters BLO05 oder Wilton #352)
- Blüttenblatttülle (Cake Masters FPS oder Wilton #104)
- Spritzbeutel
- Schere

1. Setze den Kuchen zusammen und überziehe ihn dünn. Trage dann eine glatte Schicht weißes Frosting auf (siehe Grundlagen). Spritze mit schwarzem Frosting und der Lochtülle unregelmäßige kurze und leicht geschwungene Linien auf.

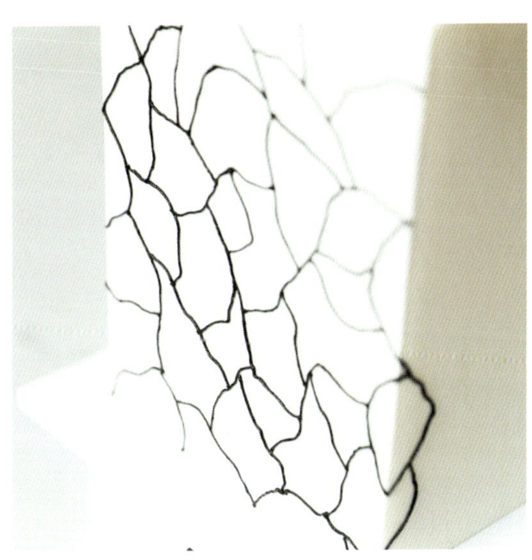

2. Spritze mehr Linien und achte darauf, dass sie alle miteinander netzartig verbunden sind. Fahre fort, bis der Kuchen vollständig mit diesem schwarzen Spitzennetz bedeckt ist.

Achte darauf, dass die Spitze der Tülle immer den Kuchen berührt und ziehe sie nicht vom Kuchen ab. Die Linie könnte sonst abreißen oder sich kräuseln. Sollte das passieren, versuche zuerst, die unterbrochene Linie mit einem anderen Punkt zu verbinden. Sollte das nicht möglich sein, weil sie sich gekräuselt hat, spritze kürzere Linien um sie herum, damit es nicht so stark auffällt.

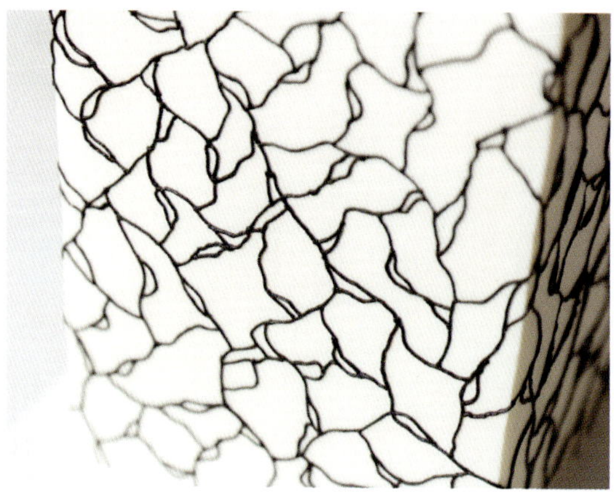

3. Spritze kürzere geschwungene Linien, willkürlich verteilt, aber immer mit anderen Linien verknüpft, um das Muster noch interessanter zu gestalten.

4. Lege die Position der Blumen fest. Spritze mit grünem Frosting und der Blatttülle offen lange, gewellte Blätter für die Blumen.

5. Spritze dann die Blumen mit zweifarbigem Frosting (siehe Der Zwei-Farben-Effekt).

6. Beginne mit vier oder fünf einfachen Blütenblättern (siehe Blumen spritzen), angeordnet in einem Halbkreis an der Basis der zuvor gespritzten Blätter.

7. Spritze zwei oder drei Lagen Blütenblätter unter die Ersten. Achte darauf, dass die Anzahl der Blütenblätter nach unten hin abnimmt. Fahre fort und spritze weitere Blumen in den anderen Farben.

8. Fülle grünes Frosting in einen Spritzbeutel mit kleiner Öffnung an der Spitze und spritze damit Kelchblätter und einen Stiel an jede Blume. Für den Stiel spritzt Du wiederholt "V"-förmige Tropfen.

Der Zwei-Farben-Effekt

a

Fülle zwei Spritzbeutel mit zwei verschiedenen Farben, je eine Farbe pro Beutel. Setze die Blütenblatttülle in einen dritten Spritzbeutel ein. Schneide von den zwei gefüllten Spritzbeuteln die Spitzen ab, wobei die Öffnung der "Streifenfarbe" kleiner sein sollte als für die Hauptfarbe.

b

Spritze eine Linie der "Streifenfarbe" in den leeren Spritzbeutel. Sie sollte auf der Seite verlaufen, auf der die schmalere Öffnung der Tülle liegt.

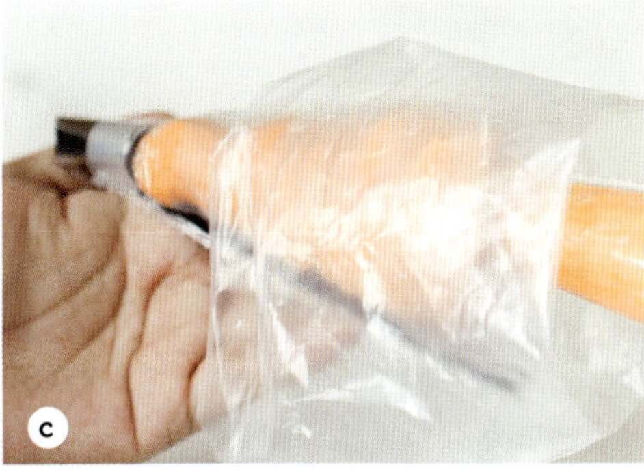

c

Die Hauptfarbe bekommt eine größere Öffnung im Spritzbeutel. Spritze diese Farbe auf den Streifen auf und fülle den Spritzbeutel damit.

d

Drücke den Spritzbeutel, bis Du den gewünschten Zwei-Farben-Effekt hast. Drehe die Tülle, um den Streifen dicker oder dünner zu spritzen.

BLUMENKUGEL

Blumen sprechen die Sprache der Liebe, und Rosen haben zweifellos die längste Tradition, um Zuneigung auszudrücken. Wie würdest Du einen Blumenkorb anordnen, um Deine Nachricht am Besten zu überbringen? Stell Dir vor, Du überreichst diese zierliche Blumenkugel mit einer handgeschriebenen Notiz – welch ein herzerwärmendes Geschenk.

Du benötigst

- zwei halbkugelförmige Kuchen, 15cm Durchmesser
- 500–600g ungefärbtes Frosting (für Knospen und Rosen)
- 200–300g karamellfarbenes Frosting (Pastenfarbe kastanienbraun/karamell)
- 100–200g hellbraunes Frosting (Pastenfarbe kastanienbraun)
- 100–200g dunkelbraunes Frosting (Pastenfarbe kastanienbraun)
- 300–400g rot-violettes Frosting (Pastenfarbe fliederviolett plus kirschrot)
- 300–400g dunkelviolettes Frosting (Pastenfarbe fliederviolett)
- 300–400g altrosafarbenes Frosting (Pastenfarbe bordeaux)
- 300–400g rosafarbenes Frosting (Pastenfarbe kirschrot)
- 100–200g grünes Frosting (Pastenfarbe waldgrün)
- Styropor-Platte, 15cm Durchmesser, 5cm dick
- Styropor-Platte, 20cm Durchmesser, 2,5cm dick
- Blumennagel
- Backpapier
- Blütenblatttülle (Cake Masters FPS oder Wilton #104)
- Blütenblatttülle (Cake Masters FPXS oder Wilton #103)
- Spritzbeutel
- Ausdruck, Geschenkpapier oder Scrapbooking-Papier
- selbstklebende klare Folie
- Schere
- ungiftigen Klebstoff
- Kuchenstütze
- passende Satinbänder
- Zahnstocher

1. Spritze die kleinen Rosen und Rüschenblumen (siehe Blumen spritzen) im Voraus aus ungefärbtem Frosting und in rot-violett, dunkelviolett, rosa, altrosa. Nimm für die Rosen die Blütenblatttülle Cake Masters FPS und für die Rüschenblumen Cake Masters FPXS. Spritze einige Rosen im Zwei-Farben-Effekt (siehe Romantische Spitze). Friere sie ein.

2. Schneide für die Styropor-Platten ein passendes Design aus einem Computer-Ausdruck, Geschenkpapier oder Scrapbooking-Papier aus. Klebe es auf die beiden Styropor-Platten und überziehe es mit klarer Folie. Verkleide die Seiten der beiden Platten mit passendem Satinband und klebe sie dann aufeinander.

3. Bevor Du den Kuchen füllst und dünn überziehst, schneidest Du von einem Kuchen eine Scheibe der oberen Rundung ab, damit er flach auf dem Board aufliegt. Befestige ihn mit einer dünnen Schicht Frosting auf dem Board.

4. Setze die beiden Kuchen mit einer Schicht Frosting dazwischen zusammen und überziehe die entstandene Kugel dünn (siehe Grundlagen). Lege den Kuchen mittig auf die Styropor-Platte und stecke eine Kuchenstütze durch das Zentrum bis in die untere Platte, um den Kuchen sicher zu halten.

5. Spritze das Korbgeflecht aus braunem, hellbraunem und karamellfarbenem Frosting. Nimm dazu einen Spritzbeutel mit mittelgroßer Öffnung. Spritze zwei kurze Linien, die sich leicht überlappen und ein offenes "V" bilden, in Reihen rund um den Kuchen. Bedecke damit mehr als die Hälfte des Kuchens und achte darauf, dass es keine Lücken innerhalb des Geflechtes gibt.

6. Für das Befestigen der Rosen und Rüschenblumen spritzt Du einen Klecks Frosting auf den Kuchen und drückst die Blumen fest hinein. Das stellt sicher, dass sie gut am Kuchen haften– besonders an der Rundung – und nicht abrutschen können.

Rosen und andere ähnliche Blumen werden aus sehr viel Frosting gespritzt und können daher recht schwer sein. Wegen des Gewichts werden diese Blumen am Besten dort angebracht, wo es tragende Ecken oder Kanten gibt. Da diese Kuchenkugel überhaupt keine Ecken hat, bringst Du die Rosen und Rüschenblumen am Besten oberhalb des "Äquators" an, damit sie nicht runterrutschen.

7. Stecke je einen Zahnstocher in beide Seiten der vorbereiteten gefrorenen Blumen (optional), um sie damit in den Frostingklecks zu drücken und sicher am Kuchen zu befestigen.

8. Spritze Hilfslinien, um die Größe der restlichen Blumen festzulegen. Da der Kuchen klein ist, solltest Du das Aussehen planen und die Blumen ohne Lücken gut positionieren. Die Dahlien werden direkt auf den Kuchen gespritzt. Nimm dazu die Blütenblatttülle Cake Masters FPS und spritze, abwechselnd in den beiden Violetttönen, kurze stachelartige Blütenblätter in konzentrischen Kreisen.

9. Platziere die restlichen Blumen, eine Lage nach der anderen, bis Du oben auf dem Kuchen ankommst.

10. Spritze mit einem Spritzbeutel mit kleiner Öffnung Gruppen aus grünen Frosting-Klecksen, wie große Tupfen, um Knospen darzustellen. Nimm dann einen Spritzbeutel mit kleinerer Öffnung, drücke die Spitze in die grünen Tupfen und spritze weißes Frosting mitten hinein, bis es zu sehen ist.

11. Spritze mit weißem Frosting willkürlich verteilte kleine Punkte als Schleierkraut.

HERBSTKRANZ

Dieser herbstliche Kranz hat einen gewissen rauen Charme, wodurch er sehr attraktiv wird. Die grob miteinander verflochtenen Zweige unterstreichen die natürliche Schönheit der anderen Elemente: die verstreuten gelben, orangefarbenen und roten Blumen, die in Kombination mit ein paar Kiefernzapfen, Beeren, Blattwerk und anderen natürlichen Elementen ein so üppiges Gesteck bilden. Ein perfekter Willkommensgruß für die Jahreszeit!

Du benötigst

- einen runden Kuchen, 25cm Durchmesser, 10cm hoch
- 1kg hellbraunes Frosting (Pastenfarbe kastanienbraun)
- 300g mittelbraunes Frosting (Pastenfarbe kastanienbraun)
- 500g dunkelbraunes Frosting (Pastenfarbe kastanienbraun)
- 100–200g grünes Frosting (Pastenfarbe waldgrün)
- 100–200g rotes Frosting (Pastenfarbe fuchsienrot plus korallenrot)
- 250g cremefarbenes Frosting (Pastenfarbe zitronengelb)
- 250g dunkelgelbes Frosting (Pastenfarbe bernstein plus sonnengelb)
- 250g dunkel-orangefarbenes Frosting (Pastenfarbe sunsetorange plus korallenrot)
- 250g orangefarbenes Frosting (Pastenfarbe sunsetorange)
- 250g orangefarbenes Frosting (Pastenfarbe sunsetorange)
- Blütenblatttülle (Cake Masters FPM oder Wilton #102)
- Blütenblatttülle (Cake Masters FPS oder Wilton #104)
- Blatttülle offen (Cake Masters BLO05 oder Wilton #352)
- Sterntülle halboffen (Cake Masters STOH oder Wilton #74)
- Lochtülle (Cake Masters RT04 oder Wilton #5)
- Spritzbeutel
- Backpapier
- Schere
- Stift oder Bleistift
- Wellenschliffmesser
- dicke Salzstangen oder Grissini
- Zahnstocher

1. Zeichne auf Backpapier einen Kreis, dessen Durchmesser etwa 10 bis 15cm kleiner ist als der Durchmesser Deines Kuchens. Schneide die Vorlage aus und lege sie mittig auf den Kuchen.

2. Schneide den Kuchen nach der Vorlage aus. Halte dazu das Wellenschliffmesser senkrecht nach unten. Greife unter den Kuchen und drücke den Ausschnitt vorsichtig mit den Fingern heraus.

Du kannst den ausgeschnittenen Teil passend zum Kranz wie einen kleinen Kuchen dekorieren oder für Cakepops verwenden. Wenn Dir das Spritzen der Kiefernzapfen auf der Salzstange schwerfällt, spritze sie wie die Rosen und friere sie ein, bevor Du sie auf dem Kuchen platzierst.

3. Schneide die Kanten des Kuchens rund und überziehe ihn dünn (siehe Grundlagen) mit hellbraunem Frosting.

4. Fülle Frosting in drei verschiedenen Brauntönen in separate Spritzbeutel mit mittelgroßen Öffnungen an der Spitze oder bestückt mit je einer Lochtülle.

5. Spritze von der Innenseite des Kranzes über die obere Rundung und bedecke dann die Außenseite, während Du fortfährst. Verwende hauptsächlich das hellste Braun und wechsele gelegentlich zu den beiden anderen Brauntönen. Spritze die Zweige in Abschnitten, statt nur in einer Farbe rund um den gesamten Kuchen zu arbeiten.

6. Spritze die Kiefernzapfen mit dunkelbraunem Frosting und Blütenblatttülle Cake Masters FPM auf dicke Salzstangen. Verwende dazu die Rosentechnik (siehe Blumen spritzen), halte dabei aber alle "Blätter" kurz. Sollte Dir das zu schwer erscheinen, friere die Kiefernzapfen wie die Rosen stattdessen ein.

7. Baue den Zapfen mit weiteren Lagen "Blättern" auf, bis er rund aussieht.

8. Stecke den Kiefernzapfen mit der Salzstange als Befestigung an seinen Platz auf dem Kuchen. Nimm einen Zahnstocher zum Einstecken der Salzstange zu Hilfe.

9. Spritze etwas ungefärbtes Frosting in Klecksen auf den Kranz, um die Position der Blumen festzulegen, ihnen Halt auf dem Kranz zu geben und sie im richtigen Winkel zu platzieren.

10. Spritze folgende Blumen: Kamelien in Cremefarben mit Blütenblatttülle Cake Masters FPS (siehe Rüschenblume 4 und 5) mit gelben und grünen Spitzen in der Mitte; orange- und dunkelorangefarbene Blumen mit Sterntülle halboffen; und Sonnenblumen in dunkelgelb und dunkelbraun mit Blatttülle offen (siehe Blumen spritzen für beide).

11. Spritze mit der Blatttülle offen einige Blätter in grün und achte darauf, dass es zwischen den Blumen keine großen Lücken gibt.

12. Spritze die Beerenzweige in dunkelbraun mit einem Spritzbeutel mit mittlerer Öffnung an der Spitze und dann die Beeren in rot mit der Lochtülle. Sollte es dabei kleine unerwünschte Spitzen geben, warte, bis das Frosting eine Kruste gebildet hat und drücke sie dann mit einem Finger glatt.

TERRARIUM

Dieses Terrarium haben wir nicht für Pflanzen benutzt, sondern für einen köstlichen Leckerbissen aus Schokoladenkuchen – Kekse, Pistazien und schmelzendes Frosting wurden zusammen vorsichtig in diesem Glas arrangiert. Nicht nur eine ungewöhnliche Idee, sondern auch unschlagbar lecker.

Du benötigst

- einen runden oder quadratischen Schokoladenkuchen, 20cm Durchmesser, 10cm hoch
- 400–500g Schokoladen-Frosting
- 100–200g hellgrünes Frosting (Pastenfarbe waldgrün)
- 100–200g mittelgrünes Frosting (Pastenfarbe waldgrün)
- Blütenblatttülle (Cake Masters FPST oder Wilton #150)
- Blatttülle (Cake Masters F08 oder Wilton #6B)
- Spritzbeutel
- Blumennagel
- Backpapier
- Schere
- Vollkornkekse (z.B. Graham Crackers)
- Lebensmittelfarbpulver: moosgrün, blattgrün
- wiederverschließbare Gefrierbeutel
- Pistazien
- Terrarium-Glas
- Platte oder Cakeboard
- Löffel

1. Spritze fünf oder sechs Sukkulenten im Voraus aus hell- und mittelgrünem Frosting, einige "rosenähnlich" und einige "stachelig" (siehe Blumen spritzen) und friere sie ein.

2. Zerbrösele die Kekse in feine Krümel. Gib sie in einen verschließbaren Gefrierbeutel und füge die beiden grünen Farbpulver hinzu. Schüttele, bis alles eine einheitliche Farbe hat.

TIPP

Wenn Du keine Terrarium-Glaskugel findest, kannst Du alternativ auch einen Glastortenständer mit Glasglocke verwenden. Nimm dann zum Servieren einen großen Löffel, Gabel, Zange oder Eisportionierer - mit hübschem Band geschmückt.

3. Brich ein paar Pistazien in kleine Stücke.

4. Schneide etwa ein Viertel des Kuchens ab und brich es in Stücke, reibe sie aneinander, um sie in eine Schüssel zu böseln.

5. Schneide den restlichen Kuchen in kleine, mundgerechte Quadrate.

6. Spritze eine dünne Schicht Schokoladen-Frosting auf zwei oder alle Seiten eines Kuchenwürfels und tauche ihn in die Kekskrümel. Wiederhole das für alle Kuchenquadrate.

7. Lege sie auf eine Platte, bedecke sie mit Frischhaltefolie und stelle sie beiseite. Du kannst gern alle Seiten mit Frosting und Kekskrümeln bedecken, wenn Du magst.

8. Fülle die Kuchenkrümel und die restlichen Kekskrümel in das Terrarium und mische sie sanft mit einem Löffel.

9. Lege die überzogenen Kuchenstücke willkürlich verteilt in das Terrarium.

10. Streue die Pistazienkrümel darüber. Du kannst nach Belieben auch andere Nüsse oder Früchte verwenden. Wir haben Pistazien gewählt, da sie zur Farbe der moosgrünen Kekskrümel passen. Kleine Schokoladentropfen würden wie Steine oder Felsen aussehen.

11. Platziere abschließend die gefrorenen Sukkulenten nach Deinem Geschmack im Glas.

ENTZÜCKENDE WALDBLUMEN

Hier ist unser moderner Entwurf für einen rustikalen Baumstammkuchen. Meilenweit entfernt von der traditionellen Biskuitrolle! Es ist ein Baumstamm mit naturnahem Rindenmuster, dekoriert mit pastellfarbenen, eleganten Blumen. Der Kontrast zwischen den beiden Elementen verzaubert und unterstreicht ihre Wirkung gegenseitig.

Du benötigst

- einen quadratischen Kuchen, 20x20cm, 10cm hoch
- 400–500g braunes Frosting (Pastenfarbe kastanienbraun)
- 100–200g dunkelbraunes Frosting (Pastenfarbe kastanienbraun)
- 100–200g weißes Frosting (Lebensmittelfarbe Pulver weiß)
- 100–200g dunkelgelbes Frosting (Pastenfarbe bernstein)
- 100–200g hellgelbes Frosting (Pastenfarbe sonnengelb)
- 100–200g hellviolettes Frosting (Pastenfarbe fliederviolett)
- 100–200g pastellgrünes Frosting (Pastenfarbe waldgrün)
- 100–200g dunkelgrünes Frosting (Pastenfarbe waldgrün)
- Backpapier
- Stift
- Schere
- Wellenschliffmesser
- Spritzbeutel
- Winkelpalette
- Malspachtel mit spitzer Klinge
- Blütenblatttülle (Cake Masters FPS oder Wilton #104)
- Blatttülle offen (Cake Masters BLO05 oder Wilton #352)
- Garniertülle halbrund (Cake Masters DHRC oder Wilton #81)
- einen runden Keksausstecher (optional)

1. Spritze drei weiße und vier hellgelbe Rosen (siehe Blumen spritzen) mit der Blütenblatttülle im Voraus und friere sie ein. Schneide den Kuchen dann in zwei gleiche Hälften, fülle sie und setze sie aufeinander.

2. Schneide aus Backpapier einen Kreis mit dem Durchmesser des Kuchens aus. Schneide einen zweiten, gleichgroßen Kreis aus und befestige sie an je einem Ende des Kuchens. Schneide den Kuchen dann auf die Höhe der Kreise zu.

Du kannst die Kuchenabschnitte zerbröseln, mit etwas Frosting mischen und zu Cakepops verarbeiten. Diese Mischung kommt auch wie gerufen, um die Rosen auf dem Baumstamm etwas höher zu platzieren.

3. Schnitze den Kuchen mit Hilfe der Hilfskreise in eine Stammform. Belasse das Papier an den Enden des Kuchens.

4. Trage braunes Frosting auf den ganzen Kuchen, außer den Enden, auf. Streiche das Frosting mit der Winkelpalette in kurzen, waagerechten Strichen glatt.

5. Trage Kleckse aus dunkelbraunem Frosting auf und mische sie mit der Winkelpalette in kreisförmigen Bewegungen ein. Wiederhole den Vorgang mit dunkelgelbem Frosting.

6. Streiche nun mit kurzen horizontalen Strichen mit dem Malspachtel darüber, um eine naturnahe Rindenstruktur zu erzeugen.

7. Trage ein paar Kleckse weißes Frosting auf und wiederhole die kurzen Striche.

8. Ziehe die Papierkreise an den Enden des Kuchens ab. Trage dunkelgelbes Frosting auf die Enden auf. Mische dann ein paar Kleckse dunkelbraunes Frosting mit dem Malspachtel in derselben Technik ein.

9. Spritze ein paar Kleckse Frosting oben auf den Kuchen und platziere darauf die gefrorenen Rosen.

10. Spritze die Chrysanthemen mit der Garniertülle halbrund in hellviolett und weiß mit pastellgrünem Kern direkt auf den Kuchen (siehe Bezauberndes Chalkboard, Schritt 8), um die Lücken zwischen den Rosen zu füllen.

11. Spritze Blätter zwischen die Blumen mit der Blatttülle offen und dunkelgrünem Frosting.

TIPP

Die Baumscheibe stichst Du mit einem runden Keksausstecher aus oder schneidest sie mit Deinem Messer zu. Überziehe sie in der gleichen Technik, wie für den Stamm beschrieben.

VINTAGE-VOGELKÄFIG

Vogelkäfige sind heiß begehrte Lieblingsstücke aller Sammler von ungewöhnlichen Antiquitäten. Die Form eignet sich hervorragend für einen einstöckigen Kuchen mit Kuppel, und es gibt zahllose Möglichkeiten, dekorative Schnörkel, Blumen oder auch einen Vogel anzubringen, um ein atemberaubendes Kunstwerk aus Kuchen zu erschaffen. Wähle Elemente aus, die zur Art und Farbe des Käfigs passen, und Du erhältst ein wahres Meisterwerk.

Du benötigst

- einen runden Kuchen, 15cm Durchmesser, 13cm hoch
- einen halbkugelförmigen Kuchen, 15cm Durchmesser
- zwei runde Tortenscheiben, 15cm Durchmesser
- Cakeboard, rund, 20cm Durchmesser
- 800–900g ungefärbtes Frosting (Füllung und dünner Überzug)
- 500–600g cremefarbenes Frosting (Pastenfarbe zitronengelb)
- 200–300g kastanienbraunes Frosting (Pastenfarbe kastanienbraun/walnuss)
- 200–300g fliederfarbenes Frosting (Pastenfarbe brombeerrot)
- 200–300g lavendelfarbenes Frosting (Pastenfarbe fliederviolett)
- 200–300g pfirsichfarbenes Frosting (Pastenfarbe sunsetorange)
- 200–300g hellgrünes Frosting (Pastenfarbe waldgrün)
- Kuchenstützen
- Anspitzer
- Backpapier
- Schere
- Teigschaber
- Garn oder Baumwollfaden
- Spritzbeutel
- Sterntülle (Cake Masters ST04 oder Wilton #16)
- Blütenblatttülle (Cake Masters FPXS oder Wilton #103)
- Blütenblatttülle (Cake Masters FPS oder Wilton #104)
- Blatttülle offen (Cake Masters BLO05 oder Wilton #352)
- Stift oder Bleistift
- ungiftigen Klebstoff
- Blumennagel

1. Setze die Kuchen aufeinander, mit den Tortenscheiben zwischen der zweiten und dritten Lage, und einer zentralen Stütze (siehe Grundlagen). Dazu musst Du die Tortenscheiben zusammenkleben und ein Loch in die Mitte bohren, bevor Du die Kuchen stapelst, damit Du die Stütze später leicht durchstecken kannst

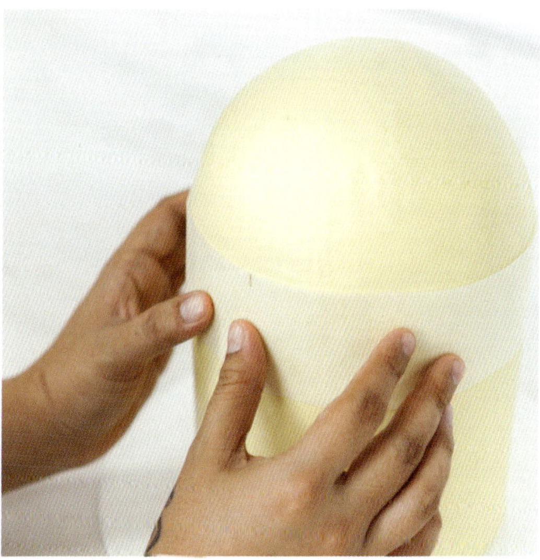

2. Überziehe den Kuchen dünn und trage dann eine glatte Schicht cremefarbenes Frosting auf (siehe Grundlagen). Schneide aus Backpapier einen Streifen aus und lege ihn um den Kuchen, um so seinen Umfang zu messen.

3. Falte den Streifen mehrfach zur Hälfte, bis Du so viele Falten zählst, wie Du Gitterstäbe haben möchtest, und die Zwischenräume angemessen sind. Oder Du misst den Streifen ab und teilst ihn entsprechend auf. Schneide dann ein Stück mit zwei nebeneinander liegenden Knicken ab – es hilft Dir bei der Einteilung der Gitterstäbe.

4. Markiere mit einem Lineal oder Teigschaber eine senkrechte Linie auf der geraden Fläche des Kuchens. Halte dann das Hilfspapier an und markiere die Position der Gitterstäbe am Kuchen oben und unten mit einem Zahnstocher. Verbinde die Markierungen mit einem Lineal oder Teigschaber.

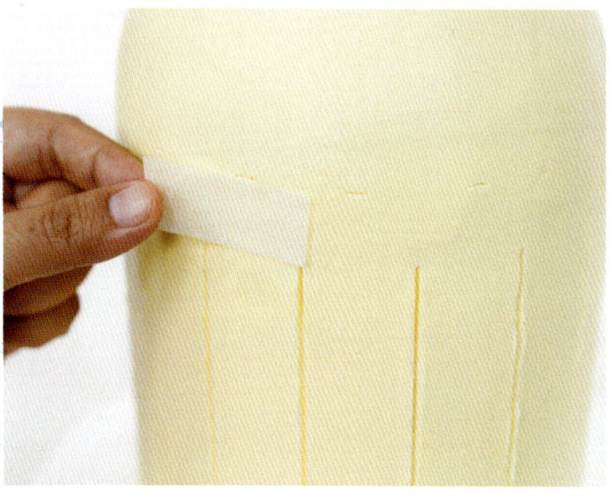

5. Schneide einen Streifen Backpapier von 2,5cm Breite zu. Lege damit die Höhe der Schnörkel fest und markiere ihre Lage.

6. Benutze ein Stück Garn oder Baumwollfaden für die Markierung der Gitterstäbe auf der Kuppel. Lege das Garn dazu genau auf eine senkrechte Linie an der Seite des Kuchens und drücke das Garn dann vorsichtig bis zum obersten Punkt in das Frosting. Wiederhole dies für alle Stäbe.

7. Markiere die Bögen der Schnörkel mit der Öffnung einer großen Spritztülle, oder nimm einen kleinen Ausstecher. Achte darauf, nur die obere Hälfte des Kreises einzudrücken.

8. Fülle kastanienbraunes Frosting in einen Spritzbeutel mit kleiner Öffnung an der Spitze und spritze eine kleine Muschelborte (siehe Muster spritzen) auf alle Markierungen der Gitterstäbe.

9. Spritze mit der kleinen Sterntülle und kastanienbraunem Frosting die Schnörkel auf die Markierung oben am Kuchen (a) und Schlingen am unteren Rand des Kuchens (b).

10. Spritze mit der kleinen Sterntülle und kastanienbrauem Frosting eine kegelförmige Spirale oben auf den Kuchen.

11. Spritze Rosen (siehe Blumen spritzen) in unterschiedlichen Größen aus flieder- und lavendelfarbenem Frosting und friere sie ein. Befestige die Rosen mit einem Klecks Frosting oben und an der Basis des Kuchens. Spritze aus pfirsichfarbenem Frosting mit der Blütenblatttülle Cake Masters FPXS Rüschenblumen (siehe Blumen spritzen) mit kastanienbraunem Kern.

12. Fülle hellgrünes Frosting in einen Spritzbeutel mit kleiner Öffnung an der Spitze und spritze kurze geschwungene Ranken von den Rosen nach unten. Spritze kurze Spitzen versetzt an beide Seiten der Ranken. Spritze mit der Blatttülle offen einige Blätter zwischen die Blumen.

TIPP

Beim Überziehen einer runden Oberfläche mit Frosting ist ein Stück biegsamer Kunststoff sehr hilfreich. Du kannst es der gewünschten Rundung anpassen. Es kann ein dicker Kunststoffhefter sein, Mylar-Folie oder Acrylfolie, ein Tischset oder etwas Ähnliches.

EIN EIMER VOLL ROSEN

Ein alter Emaille-Eimer in bezaubernden Blautönen, randvoll mit pastellfarbenen Rosen, weckt Erinnerungen an den Sommer im Garten. Die Form ist ganz einfach mit ein wenig Schnitzen herzustellen, und Du kannst Deine Fähigkeiten im Spritzen von Rosen unter Beweis stellen – für den Geburtstag oder Jahrestag eines besonderen Gartenliebhabers.

Du benötigst

- einen runden Kuchen, 15cm Durchmesser, 12cm hoch
- einen runden Kuchen, 10cm Durchmesser, 5cm hoch oder halbkugelförmigen Kuchen, 10cm Durchmesser
- 1kg hellblaues Frosting (Pastenfarbe azurblau)
- 300g dunkelgraues Frosting (Pastenfarbe graphitschwarz)
- 100–200g hellgraues Frosting (Pastenfarbe graphitschwarz)
- 300g hell-pfirsichfarbenes Frosting (Pastenfarbe sunsetorange)
- 300g mittel-pfirsichfarbenes Frosting (Pastenfarbe sunsetorange)
- 300g hellgrünes Frosting (Pastenfarbe waldgrün)
- 300g grünes Frosting (Pastenfarbe waldgrün)
- Cakeboard
- Wellenschliffmesser
- Garniertülle halbrund (Cake Masters DHRC oder Wilton #81)
- Blütenblatttülle (Cake Masters FPS oder Wilton #104)
- Blatttülle offen (Cake Masters BLO05 oder Wilton #352)
- Spritzbeutel
- Winkelpalette
- Teigschaber
- Vlies
- Backpapier
- Schere
- Stift oder Bleistift
- dicke Salzstangen oder Grissini

1. Bevor Du den Kuchen zurechtschneidest, spritze 24 Rosen (eventuell bleiben ein paar übrig) aus hell- und mittel-pfirsichfarbenem und hellgrünem Frosting (siehe Blumen spritzen) und friere sie ein. Stapele den Kuchen, stütze ihn ab (siehe Grundlagen) und stelle ihn auf ein Cakeboard (nicht das Endgültige!). Zeichne auf Backpapier einen Kreis mit einem Durchmesser, der 2,5–5cm kleiner als Dein Kuchen ist, Dir als Hilfe beim Schnitzen dient, und schneide ihn aus.

2. Markiere eine Hilfslinie 5cm oberhalb des unteren Kuchenrandes.

Da der Boden des Eimers kleiner ist als die obere Seite, misst und schneidest Du ihn am Besten von der schmaleren Seite und drehst ihn dann einfach kopfüber.

3. Halte den Papierkreis fest auf der Oberseite des Kuchens und schneide diagonal vom Rand des Kreises hinunter zur Hilfslinie nahe dem unteren Rand.

4. Du kannst auch im unteren Bereich des Kuchens gerade schneiden, bis Du die richtige Form des Eimers erreicht hast.

5. Trage eine dünne Schicht Frosting auf die Oberseite auf, bevor Du das endgültige Board obenauf legst. Schiebe Deine Hand unter das untere Board, halte beide Boards fest und drehe den Kuchen schnell kopfüber.

6. Die größere Fläche sollte jetzt oben sein. Lege den kleinen 10-cm-Kuchen (in eine Halbkugel geschnitten) oder den halbkugelförmigen Kuchen mittig auf den "Eimer".

7. Überziehe die Halbkugel dünn mit ungefärbtem Frosting und den Eimer in hellblau (siehe Grundlagen). Stelle den Kuchen 15–20 Minuten in den Kühlschrank oder bis er fest ist. Trage eine Schicht hellblaues Frosting auf den Eimer auf und streiche es mit einem Teigschaber glatt.

8. Fülle dunkelgraues Frosting in einen Spritzbeutel mit kleiner Öffnung und spritze Kleckse auf den Kuchen. Achte darauf, dass sie etwa gleichmäßig verteilt sind. Misch dann das graue Frosting mit der Winkelpalette in kleinen kreisenden Bewegungen in die hellblaue Fläche ein.

9. Streiche mit dem Teigschaber die Oberfläche glatt und misch die Farben so noch besser. Streiche in zwei Richtungen (nach links und rechts) und glätte die Fläche dann leicht mit dem Vlies (siehe Grundlagen).

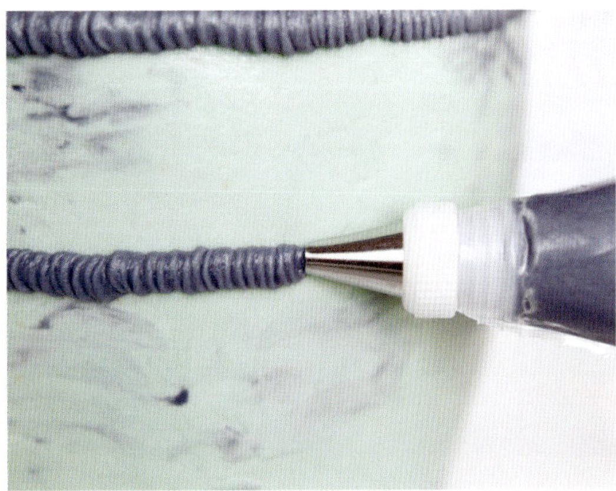

10. Spritze die Dekoration des Eimers mit der Garniertülle halbrund auf, die gebogene Seite der Tülle nach oben, wobei die Tülle die Oberfläche des Kuchens berührt. Beginne an einem Ende und drücke den Spritzbeutel gleichmäßig, während Du Deine Hand leicht hin- und herbewegst, um ein gleichmäßiges Muster zu spritzen. Spritze so rund um den Kuchen, am oberen Rand entlang und auf der Markierung 5 cm unterhalb.

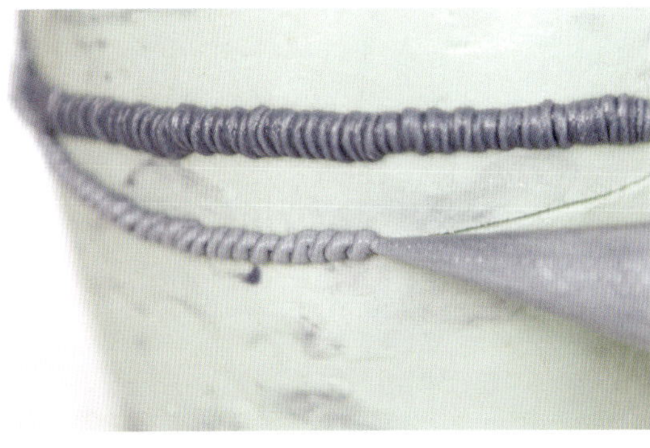

11. Markiere mit einem Zahnstocher den Verlauf des Eimergriffs und spritze auf dieser Markierung eine Loop-Linie in hellgrauem Frosting. Nimm dazu entweder die Garniertülle halbrund oder schneide eine mittelgroße Öffnung in den Spritzbeutel.

12. Spritze Kleckse aus Frosting oben auf den Kuchen, um darauf die Rosen im richtigen Winkel positionieren zu können. Wechsele dabei in den Farben ab und spritze abschließend Blätter in die Lücken.

TIPP

Um die Rosen auf Stiele zu setzen, schneidest Du die Salzstangen auf die gewünschte Länge und überziehst sie mit Cake-Pop Glasur smaragdgrün. Lege sie zum Festwerden auf Backpapier (siehe Herbstkranz, Kiefernzapfen, als Anleitung für das Spritzen von Rosen auf Salzstangen).

KÖRBCHEN VOLL FREUDE

Hier siehst Du, wie eine schäbige Packung, eingewickelt in altes Zeitungspapier, sich in eine atemberaubende Schachtel voll modischer bunter Rüschen verwandelt. Wie beim Fund einer alten Nähschatulle oder einer vergessenen Schachtel mit Stoffbroschen hoffen wir, dass Dir diese kleine Schatzkiste genauso gut gefällt wie uns.

Du benötigst

- einen quadratischen Kuchen, 30x30cm, 7,5cm hoch
- 200–300g altrosafarbenes Frosting (Pastenfarbe bordeaux)
- 200–300g pfirsichfarbenes Frosting (Pastenfarbe sunsetorange)
- 200–300g cremefarbenes Frosting (Pastenfarbe kastanienbraun/karamell)
- 200–300g hell-kastanienbraunes Frosting (Pastenfarbe kastanienbraun/walnuss)
- 200–300g dunkel-kastanienbraunes Frosting (Pastenfarbe kastanienbraun/walnuss)
- 200–300g grünes Frosting (Pastenfarbe waldgrün)
- 200–300g graues Frosting (Pastenfarbe graphitschwarz)
- 200–300g hellbraunes Frosting (Pastenfarbe kastanienbraun)
- bedrucktes Esspapier
- Glitzergel
- kleine Schüssel
- Pinsel
- Spritzbeutel
- Backpapier
- Schere
- Blütenblatttülle (Cake Masters FPS oder Wilton #104)
- Blütenblatttülle (Cake Masters FPXS oder Wilton #103)
- Blütenblatttülle (Cake Masters FPST oder Wilton #150)
- Garniertülle Petals Wave (Cake Masters FPWS oder Wilton #97L)
- Garniertülle (Cake Masters D2452 oder Wilton #2D)

1. Schneide den Kuchen in zwei Hälften und stapel sie aufeinander. Überziehe den Kuchen dünn (siehe Grundlagen).

2. Reiße das bedruckte Esspapier in ungleiche Stücke und befestige sie dann an den Seiten des Kuchens. Bestreiche dazu die Rückseite des Papiers dünn mit Glitzergel und drücke es leicht an.

3. Spritze etwa 21 Hilfskreise für die Positionierung der Rüschen oben auf dem Kuchen.

4. Spritze die Rüschen (siehe Blumen spritzen) auf kleinen Klecksen Frosting direkt auf den Kuchen und nimm das Foto dazu als Vorlage.

PATCHWORK IN PASTELL

Einfache Quadrate können sehr zeitgemäß aussehen, besonders, wenn Du sie auf zarte Pastelltöne beschränkst. Achte darauf, die Quadrate perfekt viereckig zu halten und beim Spritzen sehr sauber zu arbeiten, sonst ist die Wirkung nicht so gut. Wir haben für jedes Quadrat eine andere Farbe oder ein anderes Muster gewählt, dabei die Einfachen mit den Anspruchsvolleren gemischt. Die hellen Farben unterstreichen die Perfektion jedes Quadrates.

Du benötigst

- einen quadratischen Kuchen, 20x20cm, 10cm hoch
- 200–300g hellblaues Frosting (Pastenfarbe azurblau)
- 200–300g hell-rosafarbenes Frosting (Pastenfarbe kirschrot)
- 200–300g lavendelfarbenes Frosting (Pastenfarbe fliederviolett)
- 200–300g hellgrünes Frosting (Pastenfarbe waldgrün)
- 200–300g hell-blau-grünes Frosting (Pastenfarbe waldgrün)
- 200–300g hell-pfirsichfarbenes Frosting (Pastenfarbe bernstein)
- Backpapier
- Schere
- Teigschaber
- kleine Winkelpalette
- kleines Stück Karton
- Vlies
- Garniertülle halbrund (Cake Masters DHRC oder Wilton #81)
- Sterntülle (Cake Masters ST02 oder Wilton #14)
- Lochtülle (Cake Masters RT04 oder Wilton #5)
- Sternbandtülle (Cake Masters BAS10 oder Wilton #47)
- Spritzbeutel
- Adapter

1. Setze Deinen Kuchen zusammen und überziehe ihn dünn (siehe Grundlagen). Schneide aus Backpapier ein Quadrat in der gleichen Größe wie die Oberseite des Kuchens aus. Falte es in neun gleich große Quadrate.

2. Schneide eine Spalte des Papiers ab und lege es auf den Kuchen. Markiere mit einem Lineal oder Teigschaber drei gleich große Spalten.

Du kannst die Patchwork-Quadrate mit allen denkbaren gespritzten Mustern füllen – Schnörkel, Kreuzmuster, Punkte, kleine gespritzte Blümchen, oder was Du Dir sonst vorstellen kannst.

3. Markiere jetzt genauso die Reihen. Markiere Quadrate auch an den Seiten des Kuchens.

4. Teile einige Quadrate mit einem Teigschaber oder einem kleinen Stück Karton in zwei Hälften, entweder in Rechtecke oder Dreiecke. Wähle ein gefärbtes Frosting nach Belieben aus, trage es auf und glätte es mit dem Teigschaber oder dem Karton.

5. Glätte die Rechtecke und Dreiecke mit dem Vlies und dem Teigschaber (siehe Grundlagen).

6. Ziehe die Seiten dieser Formen nach, um sie perfekt gerade zu bekommen. Drücke dazu den Teigschaber nach unten und ziehe ihn vom Quadrat weg. Wenn die Ränder gerade sind, kannst Du Schritt 4–6 für die anderen Hälften wiederholen, natürlich in anderen Farben.

7. Sollte das Quadrat an einer Ecke liegen, stich mit dem Teigschaber nach unten. Fülle die restlichen Quadrate mit abwechselnden Farben und Mustern und verwende dazu auch unterschiedliche Tüllen.

8. Beim Spritzen des Muschelmusters beginnst Du an einem äußeren Rand mit der Lochtülle. Halte den Spritzbeutel etwa im 80°-Winkel, die Öffnung auf der Oberfläche aufgesetzt. Drücke, bis das Frosting sich aufbaut und ziehe die Tülle nach unten.

9. Achte bei Gebrauch der Garniertülle halbrund darauf, dass die gebogene Seite nach oben zeigt, während die beiden Spitzen unten die Fläche berühren. Starte an einer Ecke und drücke den Spritzbeutel gleichmäßig, während du Deine Hand leicht vor- und zurückbewegst, um ein gleichmäßiges Muster zu spritzen.

10. Um ein Quadrat mit kleinen Sternen zu füllen, beginnst Du an einer Ecke, hältst den Spritzbeutel im 90°-Winkel mit der Tüllenöffnung auf der Oberfläche und drückst den Spritzbeutel sanft, bis sich ein kleiner Stern bildet. Fahre fort und achte darauf, dass die Sterne sehr nahe beieinanderliegen (sich aber nicht überlappen), damit es keine Lücken gibt.

11. Um ein Quadrat mit der Sternbandtülle zu füllen, beginne am Rand und wähle eine Seite der Tülle aus. Drücke den Spritzbeutel konstant und ziehe ihn dabei nach unten oder weg. Drehe den Spritzbeutel um und fahre mit der anderen Seite der Tülle fort, um abwechselnd glatte und gerillte Streifen zu spritzen.

Dieses Kuchen-Design ist sehr anpassungsfähig und kann sowohl für einen Mann wie für eine Frau verwendet werden. Probiere andere Tüllen und Farbkombinationen passend zum jeweiligen Anlass aus – stelle ihn Dir im Farbverlauf in blau oder rosa vor, einfach umwerfend! Du kannst auch mit den Formen spielen, es müssen nicht immer Quadrate sein.

AZTEKENMUSTER

Das anspruchsvolle Erscheinungsbild dieses Kuchens rührt weniger von der Technik her, die eigentlich sehr einfach ist, sondern basiert stattdessen auf der Wirkung der ineinandergreifenden Formen. Wir haben hier ganz einfache Schlingen gespritzt, die wie ein Häkelmuster ein "V" bilden und dies in umgedrehten "V"–Formen oder Winkeln. Das Ergebnis ist ein beeindruckend vornehmes Muster.

Du benötigst

- einen runden Kuchen, 20cm Durchmesser, 10cm hoch
- 500–600g hell-kastanienbraunes Frosting (Pastenfarbe kastanienbraun/walnuss)
- 100–200g braunes Frosting (Pastenfarbe kastanienbraun)
- 100–200g kastanienbraunes Frosting (Pastenfarbe kastanienbraun/walnuss)
- 100–200g cremefarbenes Frosting (Pastenfarbe zitronengelb)
- 100–200g blaues Frosting (Pastenfarbe indigoblau)
- Backpapier
- Lineal
- Stift
- Schere
- kleine Stücke Karton
- Spritzbeutel
- Teigschaber oder Stück Karton
- Federn aus Esspapier

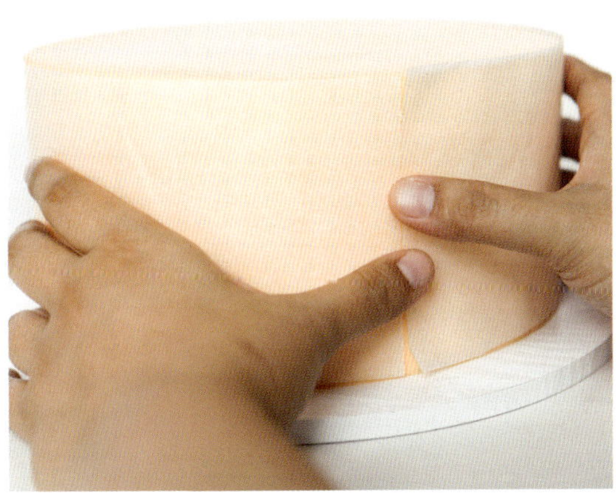

1. Setze den Kuchen zusammen, überziehe ihn dünn und trage dann eine glatte Schicht hell-kastanienbraunes Frosting auf (siehe Grundlagen). Schneide aus Backpapier einen Streifen, der exakt die Höhe des Kuchens hat und dessen Länge exakt dem Umfang des Kuchens entspricht.

2. Falte den Streifen so lange zur Hälfte, bis die Teilstücke etwa 1,5cm breit sind.

TIPP

Dieses Design kannst Du problemlos in ein anderes Farbschema verändern, das zu dem Empfänger passt - ob männlich oder weiblich. Du kannst auch die Esspapier-Dekoration dem geänderten Design anpassen.

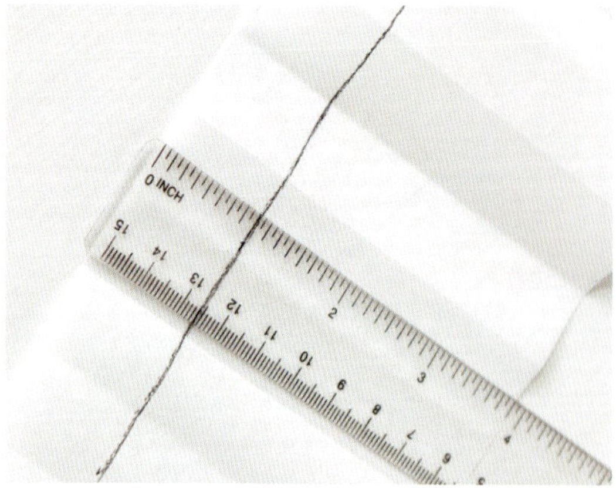

3. Miss 2,5cm von einer langen Seite aus ab und ziehe mit dem Bleistift eine Hilfslinie.

4. Zeichne das Winkelmuster ein, wie auf dem Foto gezeigt. Orientiere Dich dabei an den Knicken und der Hilfslinie.

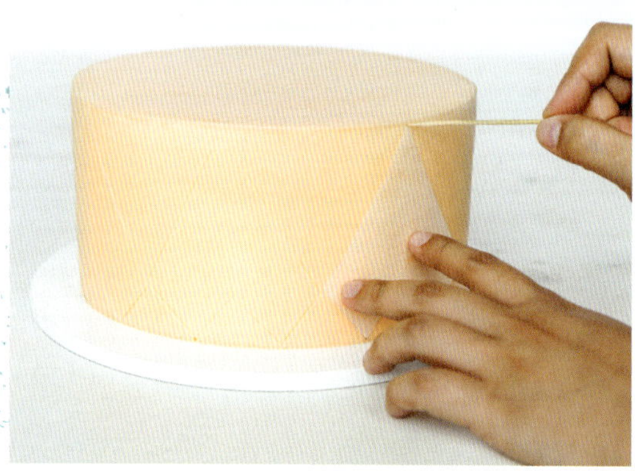

5. Schneide den Winkel aus und lege ihn mit der Spitze am oberen Rand an den Kuchen. Markiere den Umriss mit einem Zahnstocher. Wiederhole dies und markiere Winkel, die sich an den Ecken berühren, rund um den ganzen Kuchen.

6. Markiere mit einem kleinen Stück Karton die Mittellinie und eine Basislinie in jedem Winkel. Teile den oberen Teil des Musters dann in fünf Streifen auf beiden Seiten der Mittellinie. Wiederhole das für die beiden kleinen Winkel im unteren Bereich.

7. Beginne an den Außenrändern mit dem Spritzen der Häkelschlingen (siehe Häkelmuster spritzen). Nimm braunes Frosting für die ersten Reihen.

8. Fahre fort und spritze Häkelschlingen in alle oberen Winkel des Musters. Die Farbfolge ist: braun, kastanienbraun, cremefarben, blau und kastanienbraun.

9. Wiederhole den Vorgang für den unteren Teil des Musters. Achte darauf, die Reihen mit den passenden Farben zu füllen, die Du im oberen Teil verwendet hast.

10. Fülle die kleinen Dreiecke an der Basis des Musters mit demselben Häkelmuster. Beginne wieder mit braun, dann kastanienbraun und so weiter.

11. Stelle die Esspapier-Federn her (siehe Esspapier verwenden). Bringe sie mit einem kleinen Klecks Frosting an der gewünschten Stelle an.

12. Halte die Federn ein paar Sekunden fest, damit sie sicher haften, bevor Du loslässt.

Häkelmuster spritzen

Spritze zwei Reihen kleiner Schlingen in jeder Farbe in dem Winkelmuster. Nimm dafür einen Spritzbeutel mit kleiner Öffnung an der Spitze und halte ihn gerade auf den Kuchen gerichtet, die Spitze berührt dabei die Oberfläche. Die erste Reihe wird gegen den Uhrzeigersinn gespritzt, die zweite Reihe im Uhrzeigersinn, wobei sie die erste etwas überlappt. Du kannst auch eine Lochtülle dazu verwenden.

SCHWARZ-WEISSE NADELSTREIFEN

Wen würde die Eleganz eines schwarz-weißen Kuchens nicht faszinieren? Seine Schlichtheit erhöht noch die Wirkung. Die senkrechten Nadelstreifen an der Seite des Kuchens lassen ihn größer erscheinen. Um das auszugleichen und etwas Farbe einzubringen, haben wir eine Kaskade knopfartiger, flacher Rüschen aufgespritzt, die mit hübschen, essbaren Perlen glänzen.

Du benötigst

- einen runden Kuchen, 15cm Durchmesser, 15cm hoch
- 1kg weißes Frosting (Lebensmittelfarbe Pulver weiß)
- 100–150g hellgelbes Frosting (Pastenfarbe sonnengelb)
- 100–150g mittelgelbes Frosting (Pastenfarbe sonnengelb)
- 100–150g graues Frosting (Pastenfarbe graphitschwarz)
- 200–300g schwarzes Frosting (Pastenfarbe graphitschwarz)
- Backpapier
- Lineal
- Stift oder Bleistift
- Schere
- Wellenschliffmesser
- kleine Winkelpalette
- Blumennagel
- Spritzbeutel
- Teigschaber
- Blütenblatttülle (Cake Masters FPST oder Wilton #150)
- Sternbandtülle (Cake Masters BAS10 oder Wilton #47)
- Lochtülle (Cake Masters RT04 oder Wilton #5)
- große Zuckerperlen
- Pinzette

1. Setze den Kuchen zusammen und stütze ihn ab (siehe Grundlagen). Schneide ein Stück Backpapier in exakt der Höhe des Kuchens zu, die Länge exakt dem Umfang des Kuchens entsprechend.

2. Falte das Papier zur Hälfte. Markiere mit dem Stift auf der Seite gegenüber dem Knick einen Punkt 2,5cm von der Ecke entfernt. Zeichne eine diagonale Linie von der Markierung zu der oberen Ecke des Knicks. Schneide das Papier mit der Schere entlang der Linie ab.

Wenn Du die Streifen spritzt, beginnst Du am Besten unten und spritzt aufwärts. Du kannst ein Lineal oder einen Teigschaber zu Hilfe nehmen, damit Du gerade spritzt. Drücke den Spritzbeutel gleichmäßig, während Du ihn schnell nach oben ziehst, um ein Kräuseln zu vermeiden.

3. Schlage das Papier um den Kuchen und schneide ihn anhand des Papiers oben ab, um eine schräge Oberseite zu erhalten.

4. Schneide kleine Quadrate aus Backpapier aus und zeichne darauf Hilfskreise. Befestige ein Quadrat mit etwas Frosting auf dem Blumennagel. Halte die Blütenblatttülle flach auf die Oberfläche, die äußere Ecke der Tülle berührt dabei den Hilfskreis. Drücke den Spritzbeutel gleichmäßig, während Du die Hand hin- und zurückbewegst, den Blumennagel drehst und Dich am Hilfskreis orientierst. Stelle so mindestens je drei hellgelbe, mittelgelbe und graue Rüschen her und friere sie dann ein.

5. Überziehe den Kuchen dünn (siehe Grundlagen). Spritze die Streifen an der Seite des Kuchens mit der Sternbandtülle. Nimm die gezackte Seite für weiß, die glatte Seite für schwarz. Spritze von unten zum oberen Rand des Kuchens.

TIPP

Spritze einige Rüschen mehr, damit Du Ersatz hast, falls sie beim Abziehen vom Backpapier zerbrechen. Sie sind sehr empfindlich, da sie nur aus einer dünnen Schicht Frosting bestehen. Du musst auch beim Anbringen sehr schnell arbeiten, damit sie nicht schmelzen, bevor sie platziert sind. Drücke dabei nur in ihre Mitte, damit sie nicht vollständig plattgedrückt werden. Sie sollen dreidimensional aussehen.

6. Spritze weißes Frosting mit der Lochtülle in einer Spirale auf die Oberseite des Kuchens. Beginne am äußeren Rand und arbeite nach innen. Achte darauf, dass Du keine Lücken in der Spirale hast und hebe die Tülle nicht an, sonst kräuselt sich das Frosting.

7. Lege fest, wo Du die Rüschen anbringen möchtest und spritze dort einen Klecks Frosting auf die Oberfläche für die erste Rüsche.

8. Ziehe die gefrorene Rüsche schnell vom Papier ab und platziere sie am Kuchen. Drücke sie sanft an, damit sie gut haftet. Fahre fort, bis alle Rüschen befestigt sind.

9. Spritze einen kleinen Klecks Frosting in die Mitte jeder Rüsche und setze schnell eine Zuckerperle mit Hilfe der Pinzette hinein. Drücke sie sanft mit dem Finger an.

SPARKLING SENSATION

Mit Blattsilber und -gold dekoriert, erregt dieser Kuchen sehr viel Aufmerksamkeit und beweist Dir, dass Du mit ein paar Palettenstrichen und etwas Glitzer ein wahres Kunstwerk schaffen kannst, auch wenn Du glaubst, kein künstlerisches Talent zu besitzen. Misch die Farben mit der Winkelpalette und leichter Hand und platziere das essbare Metall mit einer Pinzette. Das Metall wird auch ohne weitere Zusätze an der feuchten Oberfläche haften – Frosting liebt Gold und Silber!

Du benötigst

- einen runden Kuchen, 15cm Durchmesser, 15cm hoch
- 500–600g weißes Frosting (Lebensmittelfarbe Pulver weiß)
- 100–200g hellblaues Frosting (Pastenfarbe azurblau und ein Hauch türkis)
- 100–200g mittelblaues Frosting (Pastenfarbe azurblau)
- 100–200g graues Frosting (Pastenfarbe graphitschwarz)
- 100–200g grünes Frosting (Pastenfarbe waldgrün)
- 100–200g pfirsichfarbenes Frosting (Pastenfarbe sunsetorange)
- 50–100g gelbes Frosting (Pastenfarbe bernstein)
- Spritzbeutel
- Schere
- Teigschaber
- kleine Winkelpalette
- kleine Schüssel mit Wasser
- Pinzette
- essbares Blattsilber und Blattgold
- Blütenblatttülle (Cake Masters FPS oder Wilton #104)
- Blütenblatttülle (Cake Masters FPXS oder Wilton #103)

1. Setze den Kuchen zusammen und überziehe ihn dünn. Trage dann eine Schicht weißes Frosting auf (siehe Grundlagen). Gleiche das Frosting auf der Seite nach dem Auftragen mit dem Teigschaber aus. Die Oberfläche muss nicht perfekt glatt sein.

2. Streiche die Oberseite des Kuchens nach dem Auftragen des Frostings mit dem Teigschaber glatt. Zeichne dann mit der Spitze einer Winkelpalette ein spiralförmiges Muster – beginne am äußeren Rand und arbeite zur Mitte hin.

3. Markiere mit einem Zahnstocher eine Hilfslinie rund um den Kuchen, um dort später Blattgold und -silber anzubringen.

4. Spritze kleine Kleckse hellblaues Frosting rund um den unteren Teil des Kuchens. Setze die Kleckse willkürlich, aber etwa in gleichen Abständen. Bleibe dabei etwa 5 cm unterhalb der Hilfslinie.

5. Verteile das Frosting mit der Spitze der Winkelpalette aufwärts streichend. Vermeide dabei, zu viel hin- und herzustreichen.

6. Wiederhole den Vorgang mit mittelblauem und grauem Frosting; nimm aber weniger Grau- als Blautöne.

7. Trage nur einen Hauch der beiden Blautöne und grau oberhalb der Hilfslinie auf, nicht zu viel. Wenn das Frosting beginnt, eine Kruste zu bilden, und das Verstreichen des Frostings schwierig wird, tauche die Spitze der Winkelpalette in etwas Wasser. Achte aber darauf, nicht zu viel Wasser auf den Kuchen aufzubringen.

8. Ziehe mit der Pinzette ein kleines Stück Blattgold ab und bringe es an der Hilfslinie an.

9. Fahre fort, die Hilfslinie mit Blattgold und –silber zu bedecken. Nimm dabei mehr Gold als Silber. Du kannst auch ein paar metallische Kleckse an den Seiten des Kuchens anbringen.

10. Spritze drei Blätter in grün mit Blütenblatttülle Cake Masters FPS als zweiteilige Blätter (siehe Blumen spritzen). Die Blätter haben einen gemeinsamen Anfangspunkt, auf dem später die Blume platziert wird. Spritze drei weitere Blätter für die zweite Blume.

11 Spritze einen Klecks Frosting in die Mitte jeder Blattgruppe, um der Blume mehr Volumen zu geben. Spritze auf den Klecks eine Rüschenblume (siehe Blumen spritzen) mit Blütenblatttülle FPXS und pfirsichfarbenem Frosting. Füge mit einem Spritzbeutel mit kleiner Öffnung an der Spitze gelbe Punkte in die Blumenmitte ein.

TIPP

Verwende zum Anbringen von Blattgold und –silber eine Pinzette. Das essbare Metall ist sehr empfindlich und reißt ganz leicht zwischen Deinen Fingern. Da frisches Frosting immer eine etwas klebrige Oberfläche hat, haftet das Metall sehr gut. Sollte das Frosting jedoch schon zu trocken sein, kannst Du die Fläche mit etwas Wasser oder einer sehr dünnen Schicht Piping Gel bestreichen.

PURES GOLD

Ein strahlender Glanz aus genau der richtigen Kombination von Bronze und Gold macht diesen Kuchen zu einem großartigen Geschenk für jemanden, der die feinen Dinge des Lebens liebt. Sehr einfach herzustellen, aber mit einer unglaublichen Wirkung, scheint dieser Kuchen aus sich selbst heraus zu strahlen.

Du benötigst

- einen quadratischen Kuchen, 20x20cm, 10cm hoch
- 700–800g ungefärbtes Frosting
- 200–300g dunkelgelbes Frosting (Pastenfarbe bernstein)
- Backpapier
- kleines Stück Karton oder festes Papier
- Lineal
- Stift oder Bleistift
- Wellenschliffmesser
- Schere
- Teigschaber
- Winkelpalette, Malspachtel
- Spritzbeutel
- Zahnstocher
- Airbrushgerät
- Airbrushfarbe Gold (Dinky Doodle)
- essbares Blattgold
- Glitzergel
- Pinsel
- kleine Schüsseln
- essbare Metallicfarbe: Gold, Bronze
- Mini-Perlen (Nonpareiles) in Gold
- Esspapier

1. Spritze im Voraus etwa 30 bis 35 kleine Rosen (siehe Blumen spritzen) aus ungefärbtem Frosting und friere sie ein. Wenn Du sie heller haben möchtest, färbe das Frosting

2. Schneide den Kuchen in eine achteckige Form (siehe Stoff aus Jouy). Überziehe ihn dünn und trage dann eine glatte Schicht ungefärbtes Frosting auf (siehe Grundlagen). Unterteile den Kuchen mit einem Zahnstocher in Segmente und ziehe die Hilfslinien dabei eher geschwungen als gerade.

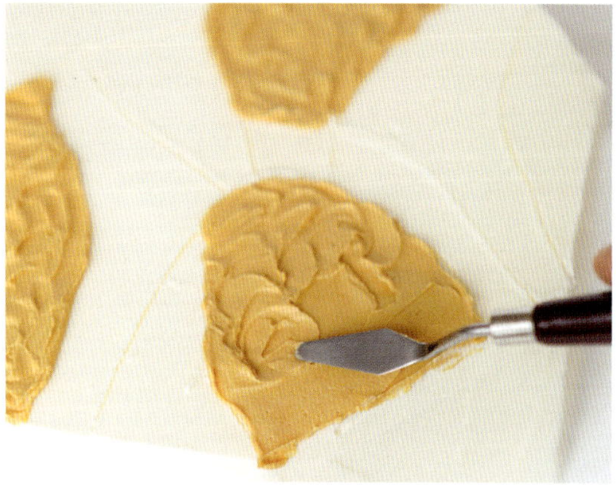

3. Lege die Segmente fest, die ein Muster mit Airbrush erhalten sollen. Trage auf diese Flächen eine dünne Schicht dunkelgelbes Frosting auf. Zeichne mit der Spitze eines Malspachtels Kreise im und entgegen dem Uhrzeigersinn ein.

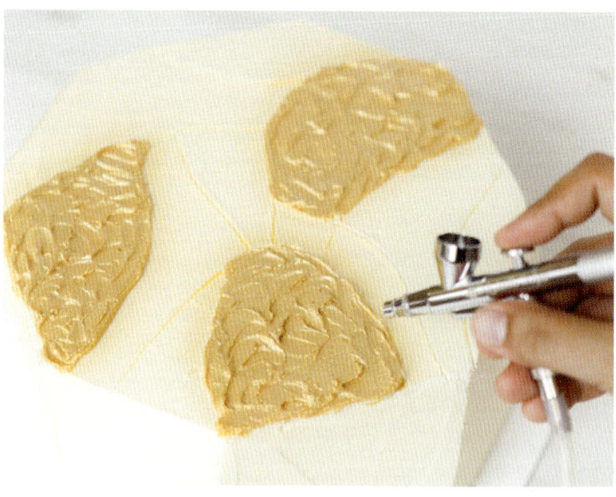

4. Besprühe diese Flächen gleichmäßig mit Goldfarbe. Führe dabei die Spritzpistole nicht zu nahe an die Oberfläche, sonst kann die Farbe tropfen oder verlaufen.

5. Bearbeite als nächstes die Flächen, die Du mit Blattgold bedecken willst. Wenn die Oberfläche des Kuchens noch frisch ist, haftet das Blattgold sehr gut. Falls nicht, streiche eine dünne Schicht Glitzergel auf die Fläche. Schneide das Blattgold auf die Größe des jeweiligen Segments zu, ziehe das Trägerpapier an einer Seite ab und lege das Blattgold auf die Fläche.

6. Wenn das Blattgold auf der Oberfläche haftet, ziehe Deine Hand mit dem restlichen Trägerpapier vorsichtig weg. Du kannst das Trägerpapier sanft über das Blattgold streichen, damit es noch besser haftet. Nimm nicht die Finger, da es leicht an ihnen kleben bleibt.

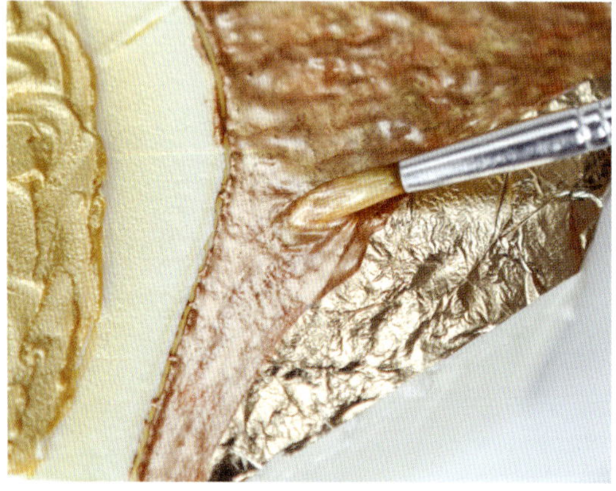

7. Bearbeite nun die Segmente, die Du mit Metallicfarben bemalen möchtest. Trage zuerst eine Lage in Bronze auf. Lasse die Farbe etwa 10–15 Minuten leicht trocknen. Male dann essbare Goldfarbe darüber und vermische die Farben ein wenig.

8. Die verbleibenden Flächen werden mit goldenen Nonpareilles gefüllt. Trage dafür eine dünne Schicht Glitzergel mit einem Pinsel auf.

9. Streue die Mini-Perlen mit den Fingern auf die zu füllenden Flächen. Du kannst dann die winzigen Kügelchen mit einem Zahnstocher oder trockenem Pinsel auf der Fläche verteilen.

10. Bereite die Blätter aus goldfarbenem Esspapier vor, indem Du beide Seiten zuerst mit bronzefarbener Metallicfarbe bemalst und dann Goldfarbe darüber streichst (Informationen zu Esspapier: siehe Esspapier verwenden). Lasse die Farben vollständig trocknen.

11. Schneide mit der Schere kleine Blätter aus dem Esspapier aus.

12. Platziere die gefrorenen Rosen rund um den unteren Rand des Kuchens. Spritze dazu einen kleinen Klecks Frosting hinter jede Rose, um sie leicht schräg zu befestigen.

13. Stecke die goldenen Esspapierblätter zwischen die Rosen.

3. Für die farbigen Zuckerkristalle gibst Du 150g Gelierzucker in einen wiederverschließbaren Gefrierbeutel und fügst ein paar Tropfen pinkfarbener Metallicfarbe hinzu.

4. Schüttele den Beutel, bis sich die Farbe gleichmäßig verteilt hat. Du kannst etwas mehr Farbe zugeben, um den Zucker dunkler zu färben, aber nicht zu viel, sonst beginnt der Zucker, sich aufzulösen. Stelle auf diese Weise Zuckerkristalle in drei verschiedenen Pinktönen her.

5. Verteile den Zucker mit einer Winkelpalette auf einem Blatt Backpapier. Lasse ihn über Nacht trocknen oder stelle ihn bei 180°C zehn Minuten in den Backofen.

6. Getrocknet sieht die Farbe heller aus und die Kristalle werden aneinanderkleben. Du kannst den Zucker erneut in einen Beutel füllen und mit einer Teigrolle darüber rollen, um die Kristalle auseinanderzubrechen.

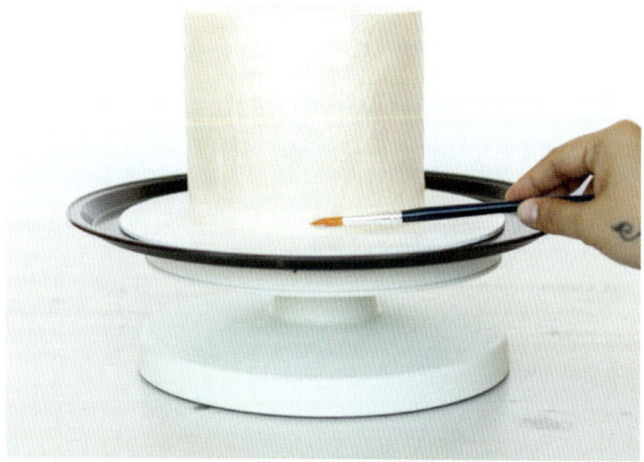

7. Stelle den Kuchen auf ein Backblech oder eine Pizza-Backform und bestreiche den unteren Teil des Kuchens mit Glitzergel. Trage es auf den ganzen unteren Bereich auf, den Du mit dunkleren Zuckerkristallen bedecken möchtest. Denke daran, dass Du den Kuchen später umdrehst und der untere Rand dann oben sein wird.

8. Streue die Kristalle im dunkelsten Pink rund um den Kuchen und drücke sie leicht am Kuchen an, damit das vorher aufgetragene Glitzergel bedeckt ist.

9. Trage die Zuckerkristalle in den beiden anderen Pinktönen in zwei Lagen darüber in der gleichen Weise auf. Dabei ist es bei den oberen Lagen einfacher, die Kristalle mit einem Stück Karton oder einem Teigschaber am Kuchen anzubringen.

10. Gib der letzten Lage eine ungleichmäßige, gezackte Linie, um die Wirkung zu erhöhen.

11. Spritze eine dünne Schicht Frosting oben auf den Kuchen und lege dann ein Cakeboard darauf. Halte den Kuchen fest zwischen Backform und Cakeboard und drehe ihn schnell, aber vorsichtig, kopfüber.

12. Trage eine dünne Schicht schwarzes Frosting auf die Oberseite auf und lasse es eine Kruste bilden. Glätte es.

13. Streue die dunkelsten Zuckerkristalle (die ersten, die Du an der Seite verwendet hast) rund um den oberen Rand des Kuchens und drücke sie sanft fest, damit sie gut haften.

14. Besprühe den Kuchen rundherum leicht mit Perlmuttfarbe, damit er noch mehr glänzt und einige Lücken zwischen den Kristallen bedeckt sind. Setze abschließend die Esspapierblume an ihren Platz.

STEAMPUNK-HUT

Bei Steampunk wird der Stil des Viktorianischen Zeitalters mit moderner Technologie gemischt. Es wird normalerweise sehr viel Messing, Bronze oder Kupfer verwendet und sehr oft von modischen Details wie Korsetts, Federn und Broschen begleitet. Dieses Thema auf einen Kuchen zu übertragen, heißt, alle Details in einem schrulligen Stil elegant einfließen zu lassen.

Du benötigst

- einen runden Kuchen, 15cm Durchmesser, 15cm hoch
- Styropor-Dummy, 20cm Durchmesser, 2,5cm hoch
- 800–900g schwarzes Frosting (Pastenfarbe graphitschwarz)
- 400–500g braunes Frosting (Pastenfarbe kastanienbraun)
- 30–50g hellbraunes Frosting (Pastenfarbe kastanienbraun)
- 300–400g dunkelviolettes Frosting (Pastenfarbe fliederviolett)
- 300–400g violettes Frosting (Pastenfarbe fliederviolett plus kirschrot)
- 50–100g gelbes Frosting (Pastenfarbe kastanienbraun)
- Kuchenstützen
- Schere
- Backpapier
- Lineal
- Stift
- Spritzbeutel
- Teigschaber
- Prägematte
- Airbrushgerät
- Vlies
- Airbrushfarbe Gold (Dinky Doodle)
- Blütenblatttülle (Cake Masters FPS oder Wilton #103)
- Blütenblatttülle (Cake Masters FPXS oder Wilton #104)
- Silikon-Moulds: Broschen
- kleines Stück Karton
- goldene Zuckerperlen
- Pinzette
- Feder aus Esspapier

1. Setze den Kuchen zusammen und schneide ihn zurecht (siehe Grundlagen). Hinweise, wie Du die korrekte Form erhältst, findest Du bei dem Projekt "Eimer voll Rosen". Wenn Du mit der Form zufrieden bist, drehe den Kuchen kopfüber und überziehe ihn dünn (siehe Grundlagen).

2. Schneide aus Backpapier einen Streifen zu, etwa 2,5 cm breit, die Länge exakt dem Umfang des Kuchens entsprechend. Lege ihn 2,5cm unterhalb des oberen Randes um den Kuchen. Schneide ein Quadrat aus Backpapier aus, dessen Seitenlängen 2,5cm kürzer sind als die Höhe des Kuchens. Schneide daraus ein großes "V" aus, je nach geplanter Größe des Spitzeneinsatzes. Halbiere es senkrecht und befestige die Hälften an den Seiten der Fläche, die Du für den Spitzeneinsatz vorgesehen hast. Sie haften am Frosting. Schneide den Papierstreifen am oberen Rand so zu, dass er den oberen Teil des "V"s freigibt. Trage schwarzes Frosting auf die Kuchenoberseite, auf der "V"-Fläche und auf dem Dummy auf.

3. Lasse das schwarze Frosting trocknen und bei Raumtemperatur in etwa 45 bis 60 Minuten eine Kruste bilden – oder so lange, bis es nicht mehr klebrig ist. Präge dann alle schwarzen Flächen sanft mit der Prägematte, auch den Dummy, der die Hutkrempe werden soll.

4. Besprühe die Fläche mit Goldfarbe. Achte darauf, die Pistole nicht zu dicht an den Kuchen zu führen, damit die Farbe sich nicht sammelt oder tropft. Besprühe auch den Dummy.

5. Ziehe langsam die Backpapier-Abdeckung ab. Nimm einen Zahnstocher, um das Papier vorsichtig anzuheben.

6. Überziehe die Seiten des Kuchens mit braunem Frosting. Gleiche sie mit einem Teigschaber oder einer Winkelpalette aus und glätte sie dann mit Vlies (siehe Grundlagen).

7. Spritze einige Schnörkel im selben Braun und einem Spritzbeutel mit kleiner Öffnung an der Spitze rund um die Seiten des Kuchens. Alternativ kannst Du dazu auch eine Lochtülle verwenden.

8. Setze dann die Teile zusammen. Lege den überzogenen Dummy auf Dein Cakeboard und stelle den Kuchen mittig darauf. Schneide eine Kuchenstütze auf die Gesamthöhe des Kuchens zu und stecke sie in die Mitte. (siehe Grundlagen).

9. Spritze mit der Blütenblatttülle Cake Masters FPXSund dunkelviolettem Frosting eine Rüsche (siehe Muster spritzen) rund um den oberen Rand der braunen Fläche und am Rand des "V"s entlang. Achte immer darauf, dass die breitere Seite der Tüllenöffnung am Kuchen aufliegt. Du kannst nach Belieben auch zwei oder drei Lagen Rüschen spritzen.

10. Spritze zwei oder drei Lagen glatter Rüschen auf den Übergang zwischen Hut und Krempe.

11. Spritze ein paar violette Rüschenblumen (siehe Blumen spritzen) in unterschiedlichen Größen und platziere Deine Rose(n) am Kuchen (siehe Tipp). Befestige in der Mitte jeder Rüschenblume eine gefrorene Goldbrosche.

12. Markiere den Verlauf der Schnürung auf dem "V"-Einsatz mit einem kleinen Stück Karton und spritze dann eine Loop-Linie in hellbraunem Frosting darüber (siehe Muster spritzen). Lege auf die Punkte, wo die Schnürung die Rüsche trifft, eine Goldperle.

TIPP

Spritze eine oder zwei Rosen aus dunkelviolettem Frosting im Voraus und fülle Broschen-Moulds mit gelbem Frosting. Friere alles ein (siehe Blumen spritzen). Besprühe die ausgeformten Broschen mit Goldfarbe.

13. Platziere die Feder aus Esspapier (siehe Esspapier verwenden). Das kannst Du auch tun, bevor Du Rosen und Rüschenblumen anbringst.

HÜBSCH GETEILT

Warum sollte man bei einem Kuchen bei nur einem Motiv bleiben? Hier kannst Du mit einem halben Dutzend zeitgemäßer Designs spielen! Wie Du ihn auch aufteilst, dieser Kuchen ist ein Augenschmaus. Selbst wenn Du die einfachsten Muster wählst, ist es immer noch ein aufsehenerregender Kuchen, der beeindrucken wird.

Du benötigst

- 200–250g Frosting in jeder der folgenden Farben: dunkelpink (Pastenfarbe kirschrot), blau (Pastenfarbe türkis plus ein Hauch azurblau), violett (Pastenfarbe fliederviolett), gelb (Pastenfarbe sonnengelb plus ein Hauch bernstein), orange (Pastenfarbe sunsetorange), grün (Pastenfarbe waldgrün)
- 100–150g weißes Frosting (Lebensmittelfarbe Pulver weiß)
- 50g rotes Frosting (Pastenfarbe korallenrot)
- einen runden Kuchen, 20cm Durchmesser, 10cm hoch
- Teigschaber
- Vlies
- Blütenblatttülle (Cake Masters FPM oder Wilton #102)
- Blütenblatttülle (Cake Masters FPXS oder Wilton #103)
- Blatttülle offen (Cake Masters BLO05 oder Wilton #352)
- Sterntülle (Cake Masters ST02 oder Wilton #14)
- Garniertülle Schweif (Cake Masters TAS oder Wilton #86)
- Sternbandtülle (Cake Masters BAS10 oder Wilton #47)
- Spritzbeutel
- Backpapier
- Stift oder Bleistift
- Schere
- Wellenschliffmesser
- Silikon-Moulds: Knöpfe
- Zuckerperlen

1. Schneide einen Kreis aus Backpapier aus, der die gleiche Größe wie Dein Kuchen hat.

2. Falte das Papier zur Hälfte und drittele es dann, um sechs gleich große Stücke zu erhalten.

Wir haben hier kräftige, lustige Farben gewählt, aber wer weiß, wie Pastellfarben aussehen würden oder sogar ein einfarbiges Farbschema? Deine Vorstellungskraft ist Deine einzige Grenze!

3. Schneide die Oberseite des Kuchens mit einem Wellenschliffmesser gerade. Falte das Papier zu einem Halbkreis und lege es auf den Kuchen. Halbiere den Kuchen anhand der Vorlage.

4. Falte es wieder zum Dreieck zusammen und teile den Kuchen in sechs Stücke auf. Überziehe sie dünn und trage dann auf jedes Stück einen glatten Überzug in einer der verschiedenen Farben auf (siehe Grundlagen). Dekoriere sie dann nach Deinem Geschmack oder folge unseren Vorschlägen.

Blau mit Blümchen

Ziehe eine Hilfslinie auf halber Höhe der Kuchenseite und spritze darauf rundherum eine Rüsche mit der Garniertülle Schweif (siehe Muster spritzen). Spritze mit der Sterntülle und weißem Frosting kleine Sterne auf den ganzen oberen Teil des Kuchens. Lege rosafarbene Zuckerperlen darauf. Spritze eine kleine Rüschenblume darauf (siehe Blumen spritzen) und lege einen geformten Knopf in die Mitte (siehe Moulds). Füge ein paar kleine Blätter hinzu. Spritze die obere Borte mit der Sterntülle in einer Zickzack-Bewegung.

Pink

Spritze nach unten hängende Rüschen (siehe Muster spritzen) vom oberen Rand des Kuchens mit der Blütenblatttülle in zweifarbigem Pink (siehe Romantische Spitze). Nimm die Blatttülle offen, um lange Blätter zu spritzen. Spritze darauf fünf- oder sechsblättrige Blüten mit der Blütenblatttülle. Lege abschließend Zuckerperlen in die Blumenmitte.

Violett

Spritze eine geschwungene Borte mit der Sternbandtülle, die glatte Seite nach außen, auf die Seite des Kuchens. Spritze dann eine Muschelborte (siehe Muster spritzen) rund um den oberen Rand des Kuchens. Du kannst in jede Ecke eine blaue Zuckerperle als Auflockerung legen. Spritze ein paar Schnörkel auf die Oberseite und eine einfache Blüte (siehe Blumen spritzen) mit der Blütenblatttülle. Lege abschließend einen geformten Frosting-Knopf in die Mitte (siehe Moulds).

Blau

Spritze auf die Seiten des Kuchens ein paar Schnörkel mit einem Spritzbeutel mit kleiner Öffnung oder der Lochtülle. Spritze ein paar einfache Rüschenblumen (siehe Blumen spritzen) direkt auf die Seite des Kuchens und lege Zuckerperlen in ihre Mitte. Der obere und untere Rand des Kuchens wird mit einer Muschelborte verziert (siehe Muster spritzen). Auf der Oberseite spritzt Du mit der Blütenblatttülle eine Rüschen-Schleife und verzierst sie mit ein paar rosafarbenen Perlen.

Orange

Spritze Rüschen Rücken an Rücken (siehe Muster spritzen) an die Seite des Kuchens, mit einer Muschelborte auf der Mittellinie der Rüschen. Spritze eine Muschelborte am oberen Rand des Kuchens. Spritze mit der Blütenblatttülle eine einzelne Rüsche oben entlang dem Bogen des Kuchens. Lege bunte geformte Frosting-Knöpfe (siehe Moulds) auf den Kuchen und spritze eine Perlenschnur um den unteren Rand.

Gelb

Spritze mit gelbem Frosting ein paar Schnörkel an die Seiten des Kuchens. Spritze Rüschen Rücken an Rücken (siehe Muster spritzen) auf den Bogen des Kuchens und lege Zuckerperlen darauf. Fülle rotes und rosafarbenes Frosting in je einen Spritzbeutel mit kleiner Öffnung und spritze damit kleine "C"-Formen, die wie Blümchen aussehen. Füge kurze geschwungene Linien als Blätter hinzu. Spritze eine kontrastierende Muschelborte an den unteren Rand und lege Zuckerperlen an die Ecken.

ALICE IM WUNDERLAND

Dies ist ein sehr ungewöhnlicher Kuchen – er spiegelt unsere sehr aktive Fantasie wider! Wir wollten ein lustiges Design schaffen, das in ansprechender und fröhlicher Weise mit Farben spielt. Das Resultat ist eine Kuchenfantasie, die mit sehr einfachen Techniken hergestellt wurde. Und was könnte wunderlicher sein als das Thema "Teerunde beim verrückten Hutmacher"?

Du benötigst

- zwei halbkugelförmige Kuchen, 15cm Durchmesser
- rundes Cakeboard, 30cm Durchmesser
- 400–500g ungefärbtes Frosting
- 500–600g hellrosafarbenes Frosting (Pastenfarbe kirschrot)
- 200–300g dunkelgelbes Frosting (Pastenfarbe bernstein)
- 100–200g hellgelbes Frosting (Pastenfarbe bernstein)
- 100–200g blaues Frosting (Pastenfarbe türkis plus azurblau)
- 300–400g gelbes Frosting (Pastenfarbe sonnengelb)
- 300–400g violettes Frosting (Pastenfarbe fliederviolett)
- 300–400g rotes Frosting (Pastenfarbe erdbeerrot)
- 300–400g dunkelgrünes Frosting (Pastenfarbe waldgrün)
- 100–200g hellgrünes Frosting (Pastenfarbe waldgrün)
- 100–150g dunkelrosafarbenes Frosting (Pastenfarbe bordeaux)
- Blumennagel
- Backpapier
- Schere
- Wellenschliffmesser
- Styropor Dummy, 15 cm Durchmesser, 2,5 cm hoch
- kleine Winkelpalette
- Spritzbeutel
- Lochtülle (Cake Masters RT06 oder Wilton #10)
- Lochtülle (Cake Masters RT04 oder Wilton #5)
- Blütenblatttülle (Cake Masters FPXS oder Wilton #103)
- Blatttülle offen (Cake Masters BLO05 oder Wilton #352)
- Sterntülle (Cake Masters ST10 oder Wilton #1M)
- Cake-Pop Glasur hellrosa
- kleine Schüssel zum Schmelzen
- Zahnstocher
- Schokoladen-Brezeln
- pinkfarbener Schokoladen-Knopf

1. Spritze etwa 20 Rosen in rot, violett und gelb im Voraus (siehe Blumen spritzen) und friere sie ein. Setze die beiden Kuchen zu einer Kugel zusammen. Schneide mit dem Wellenschliffmesser die obere Rundung ab. Schneide dann von der oberen Mitte etwa 2,5cm nach unten und von der Seite waagerecht nach innen, um ein Segment auszuschneiden, wie auf dem Foto gezeigt.

2. Drehe den Kuchen um und setze ihn mit dem ausgeschnittenen Teil auf die Uhr auf.

3. Schneide die obere Rundung des Kuchens ab, um ihn abzuflachen, und überziehe ihn dünn (siehe Grundlagen). Trage eine glatte Schicht hellrosafarbenes Frosting auf. Platziere den Kuchen auf einem großen Cakeboard mit etwa 30cm Durchmesser und befestige ihn mit einer kräftigen Portion Frosting oder stecke eine Kuchenstütze bis in das Board hindurch, um ihn zusätzlich abzustützen (siehe Grundlagen).

4. Spritze mit hellgelbem Frosting und der Blütenblatttülle Rüschen rund um den abgeflachten oberen Teil der Teekanne. Fülle die Mitte und spritze eine Art Kuppel.

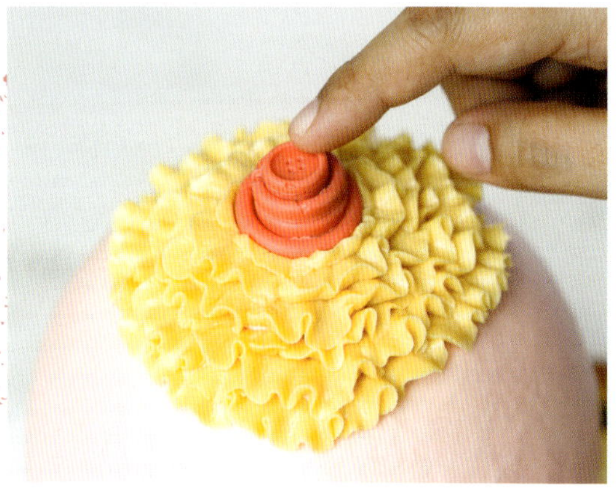

5. Setze drei oder vier rosafarbene Knöpfe aufeinander, die Du mit einer Mould geformt und eingefroren hast (siehe Moulds) und lege sie in die Mitte der Rüschen als Deckelknopf.

6. Spritze mit hellgrünem Frosting und einem Spritzbeutel mit kleiner Öffnung einige Schnörkel als Stiele auf die Seiten der Teekanne.

Die Uhr anfertigen

Für die Uhr kannst Du einen richtigen Kuchen nehmen, wir haben hier einen Styropor-Dummy mit 15cm Durchmesser, 2,5cm hoch, verwendet. Schneide den oberen Rand leicht rund. Überziehe den Dummy mit ungefärbtem Frosting, misch etwas dunkelgelbes Frosting mit der Winkelpalette ein und glätte die Oberfläche (siehe die Anleitung zum Himmel in „Landschaft im Rahmen"). Überziehe als nächstes die Seiten mit dunkelgelbem Frosting und spritze eine einfache Borte mit der Lochtülle Cake Masters RT06 um den oberen Rand, dann innenliegend eine Schmalere mit der Lochtülle Cake Masters RT04. Spritze abschließend die Zeiger und römischen Zahlen mit schwarzem Frosting und einem Spritzbeutel mit kleiner Öffnung auf das Ziffernblatt.

7. Spritze mit blauem Frosting und der Blütenblatttülle kleine Knospen (siehe Blumen spritzen), und mit einem Spritzbeutel mit kleiner Öffnung noch Kleinere. Spritze an die Seiten der Stiele mit hellgrünem Frosting und einem Spritzbeutel mit mittlerer Öffnung einige Spitzen mit breiter Basis und spitzem Ende als Blätter.

8. Platziere die Rosen rund um den Kuchen, wie hier gezeigt, mit Hilfe von Zahnstochern, falls erforderlich. Setze sie auf einen Klecks Frosting.

9. Spritze mit dunkelgrünem Frosting und der Blatttülle offen Blätter zwischen die Blumen.

10. Fülle dunkelrosafarbenes Frosting in einen Spritzbeutel mit der Sterntülle und spritze die Halterung für den Kannengriff auf. Halte die Tülle gerade auf den Kuchen gerichtet und drücke fest, bis sich ein großer Stern aufbaut.

11. Schmilz die Cake-Pop Glasur und überziehe einige Brezeln. Lasse sie abkühlen und stecke sie dann in die gespritzte Halterung. Alternativ kannst Du einen Griff aus Esspapier herstellen (siehe Esspapier verwenden).

12. Spritze den Ausgießer und halte dazu die Tülle etwas unterhalb der Mitte des Kuchens. Drücke den Spritzbeutel fest, bis der Ausgießer die gewünschte Länge erreicht hat. Ziehe die Tülle langsam weg, während Du weiterspritzt. Stecke einen rosafarbenen Knopf auf die Spitze.

Shops

UK
Queen of Hearts Couture Cakes
23 Jersey Road, Hanwell,
London, W7 2JF
www.queenofheartscouturecakes.com
Supplier of food colouring pastes and cake decorating materials

Deutschland
ALB-Torten
kreative Kunstwerke
www.alb-torten.de

Backtraum
Der Shop im Allgäu für Kurse, Zutaten und Zubehör
www.backtraum.eu

Pati-Versand
Schokolade, Patisserie- und Tortenbedarf
www.pati-versand.de

TolleTorten.com
Ihr Shop für Tortendekoration, Tortenzubehör und Backzutaten
www.tolletorten.com

AB Marketing GmbH
Ihr Spezialist für Lebensmitteldruck
www.zuckerpapier24.de

Österreich
Gustabene
8144 Tobelbad
Dein Tortenfachgeschäft sowie Kurse und Seminare
www.gustabene.com

Über die Autorinnen

Das Duo „Queen Of Hearts Couture Cakes" hat seinen Sitz in London und wurde schon mehrfach ausgezeichnet. Das Unternehmen, das seit seiner Gründung in 2011 ständig wuchs, wird von zwei guten Freundinnen geleitet und betrieben: Valeri Valeriano und Christina Ong. Sie haben schon zwei Bestseller verfasst, "Die neue Dimension des Backens" und "100 zauberhafte Frostingblüten", die in 2014 bzw. 2015 veröffentlicht wurden. Valeri und Christina entdeckten, dass sie atemberaubende essbare Kunstwerke aus nichts Anderem als Frosting zaubern können und entwickelten diese Kunst stetig weiter.

Die beiden Autodidaktinnen vermitteln ihre außergewöhnlich intensiven und umfangreichen Techniken zum Thema Frosting in Kursen in Europa, USA, Asien, Nahost und Australien. Sie wurden in bekannten Zeitschriften sowie in der lokalen und internationalen Presse vorgestellt und sind in verschiedenen Fernseh-Shows aufgetreten. Bei einigen namhaften Cake Shows wurden sie als internationale Stars gewürdigt und präsentierten dort ihre Kunstwerke.

Die Kreationen von „Queen Of Hearts Couture Cakes" sind immer geprägt von Originalität, Eleganz, Raffinesse und Perfektion.

Danke

„Wähle einen Beruf aus, den Du liebst, und Du wirst keinen Tag in Deinem Leben mehr arbeiten."
Konfuzius

Unsere Reise durch die Tortenwelt bezeichnet die bisher besten Jahre unseres Lebens. Wir haben immer daran geglaubt, dass alles im Leben einen Sinn hat. Allen, die an uns geglaubt, uns unterstützt und inspiriert haben und von uns inspiriert wurden danken wir, dass sie ein Teil unserer Reise waren.

Unserer F+W Media Familie: Ame Verso, Lorraine Inglis und Anna Wade, danken wir für ihr Vertrauen und dass wir zusammen ein bisschen Tortendekorations-Geschichte schreiben durften. Unser Dank geht an Sam Vallance für die Unterstützung, die Liebe zu Frosting in unterschiedlichen Sprachen zu verteilen.

Unserer Redaktions-Fee, Jane Trollope, können wir nicht genug danken. Jason Jenkins, Deine Leidenschaft, für uns die besten Fotos zu machen, ist umwerfend – wir danken Dir dafür, immer auf der Suche nach dem "letzten Schuss" zu sein (selbst, wenn es schon zehn vorher gab). Wir danken Justine Hyde von Hyde+Seek, Exeter, für ihre wundervollen Leihgaben zu unseren Foto-Sessions.

Unserer Cake International Familie, Clare Fisher, Ben Fidler, Troy Bennett, Melanie Underwood, Adam Elkins, Vicky Vinton, David Bennett, Simon Burns und allen anderen danken wir dafür, immer an uns geglaubt zu haben. Wir werden immer dankbar und stolz sein, ein Teil Eurer Familie und Eurer jährlichen Show zu sein.

Unseren neuen Freunden bei Wilton danken wir für die freundliche Aufnahme und die fortgesetzte Unterstützung in allen Belangen.

Unserer wachsenden Zahl loyaler Freunde weltweit danken wir dafür, an Frosting zu glauben – Ihr seid alle Superstars!

An unsere Familien zuhause auf den Philippinen – wir lieben Euch. Unsere Erfolgsstory ist Eure Geschichte. Danke, dass Ihr stolz auf uns seid.

Das hier ist Euch gewidmet.

Go #TEAMBUTTERCREAM!

Index

Abgerundete Kanten 54
Airbrush 58–9, 124, 127, 129, 132–3
Alice im Wunderland 138–41
Aztekenmuster 110–13

Backstein-Muster 70
Bambus 60–3
Bänder
  Frosting 27, 72–5, 137
  für Cakeboards 81
Basrelief 56–9
Baumstamm, rustikal 92–5
Beeren 87
Befestigen von Frostingblumen 82
Bemalen von Frosting 54–5, 66–7
Bezauberndes Chalkboard 28–31
Blätter 31, 35, 55, 62, 71, 78, 87, 95, 99, 121, 125, 136–7, 141
  einfach 18
  zweiteilig 20
Blattgold 120–1, 124
Blattsilber 121
Blumenkugel 80–3
Blütenblätter 19
Bögen 30, 137
Broderie Anglaise 24–7
Broschen-Moulds 133

Cakeboard, Gestaltung 9, 81
Cakepops 93
Cake-Pop Glasur 141
Chrysanthemen 31, 95

Dünn überziehen 4, 14

Eimer voll Rosen 100–3
Entzückende Waldblumen 92–5
Esspapier 105
  Blätter 62, 125
  Blumen 127, 129
  Dekorationen 23, 113, 133

Farbe 8
Federn 23, 113, 133
Frangipani 19, 62
Frosting 6–9
  Benötigte Menge 7
  Glätten 15
  Grundrezept 6–7
  Haltbarkeit 7
  Krustenbildung 6
  Lagerung 6, 7
  siehe auch besondere Techniken
  Zu viel schlagen 6

Glanz in Pink 126–9
Glanzfarben 58, 129

Häkelmuster 112–13
Herbstkranz 84–7
Herzen 37, 38, 72–5
Hibiskus 20, 63
Himmlische Hutschachtel 32–5
Hübsch geteilt 134–9

Inspiriert von Romero Britto 36–9

Kamelien 87, 21
Kiefernzapfen 86
Knöpfe aus Frosting 136, 140–1
Knospen 19, 57–8, 71, 83, 141
Körbchen voll Freude 104–5
Korbgeflecht 82, 109, 136
Kuchen
  Rezepte 11
  siehe auch die jeweiligen Kuchen
  Stapeln 12–13
  Stützen 12–13
  Überziehen 14–16

Kugelförmige Kuchen 16, 80–3, 138–41

Landschaft im Rahmen 68–71
Loop-Borte 17, 35, 51, 99, 133

Madeira Cake 11
Moulds 23, 133
Muschelborte 17, 55, 108, 136–7
Muscheln 67

Nonpareilles 126, 128–9

Patchwork in Pastell 106–9
Perlenschnüre 17, 55, 137
Pflanzenfett 7
Piratenschatz 64–7
Prägematten 132
Prägen 70
Pures Gold 122–5

Ranken 71, 99
Romantische Spitze 19, 76–9
Rosen 22, 33–5, 57–8, 72–5, 81–2, 93, 95, 99, 101, 103, 123, 125, 133, 141
Rosenherz 72–5
Rüschen 26, 34, 35, 116–17, 136–7, 140
  Blumen 21, 57–8, 81–2, 87, 99, 105, 121, 133, 136–7
  Borten 17, 133

Saftiger Schokoladenkuchen 11
Schablonen 48–51
Schleierkraut 83
Schleifen, Zucker- 27
Schnörkel 58, 99, 132, 136–7, 140
Schrift spritzen 30
Schwarzes Frosting 37–8, 131–2
Schwarz-weiße Nadelstreifen 114–17
Seerosen 18, 44–7
Seerosen-Impression 44–7
Seile, gespritzt 67
Sonnenblumen 18, 40–3, 87
Sparkling Sensation 118–21
Spiralen 116
Spitze aus Jouy 48–51
Stapeln von Kuchen 12–13
Steampunk-Hut 130–3
Sterne 109
Stiele 42, 55, 71, 78, 140
Stoffmuster 17
Streifen 114–17
Stützen, Kuchen 12–13
Styropor 81–2, 131–2, 140
Sukkulenten 21, 88–91

Teekanne aus Kuchen 138–41
Terrarium 88–91
Total Tropisch 60–3
Tupfen 45–7, 83, 117

Uhr 138–41

Van Goghs Sonnenblumen 40–3
Vintage-Vogelkäfig 96–9

Wasser 66–7, 71
Wedgwood Blau 52–5
Wellen 66–7
Winkel 110–13
Wolken 70

Zubehör 10
Zuckerperlen 35, 75, 117, 136–7
Zusätzliche Dekorationen 9
Zweifarbige Blumen 19, 62, 78–9, 81, 136
Zweige 84–7

A DAVID & CHARLES BOOK
© F&W Media International, Ltd 2016

Originaltitel der englischen Ausgabe: **Buttercream one-tier wonders**

David & Charles ist eine Verlagsmarke der F&W Media International, LTD
Brunel House, Forde Close, Newton Abbot, TQ12 4PU, UK

F&W Media International, LTD ist eine Tochtergesellschaft der F+W Media, Inc.
10151 Carver Road, Suite #200, Blue Ash, OH 45242, USA

Text and Designs © Valeri Valeriano und Christina Ong 2015
Layout and Photography © F&W Media International, Ltd 2016

Erstveröffentlichung in englischer Sprache durch DAVID & CHARLES in Großbritannien und USA 2016

Valeri Valeriano und Christina Ong behalten sich unter Berufung auf das UK Copyright, Designs and Pattern Act von 1988 alle Rechte an diesem Buch als Autorinnen vor.

Deutsche Erstausgabe: Cake & Bake Verlagsgesellschaft mbH 2016

ISBN 978-3-94666-4-00-0

1. Auflage 2016

Verantwortlich für die deutsche Übersetzung: Dipl.-Betriebswirtin Sibylle Koch
Lektorat: Martina Körver, Essen

Copyright der deutschen Texte © Cake & Bake Verlagsgesellschaft mbH
Verlagsanschrift:

Cake & Bake Verlagsgesellschaft mbH
Siemensstr. 24
49770 Herzlake

www.cakeandbakeverlag.de
info@cakeandbakeverlag.de

Alle Rechte vorbehalten. Nachdruck, Verbreitung durch Film, Funk, Fernsehen und Internet, durch fototechnische Wiedergabe, Tonträger und Datenverarbeitungssysteme jeglicher Art, auch auszugsweise, nur mit vorheriger schriftlicher Genehmigung des Verlages.

Den Lesern ist es gestattet, alle Muster und Entwürfe dieses Buches ausschließlich für private Zwecke nachzustellen. Alle Entwürfe sind urheberrechtlich geschützt und dürfen nicht für gewerbliche Zwecke genutzt werden.

Autorinnen und Verlag haben sorgfältig sichergestellt, dass alle Anleitungen genau und sicher sind. Dennoch ist jegliche Haftung aus Verwendung und Gebrauch der Anleitungen ausgeschlossen.

Die Angaben von Herstellern und Marken dienen ausschließlich Informationszwecken.